W0390204

# RUNEN

ANDY BAGGOTT

# RUNEN

BEDEUTUNG – GEBRAUCH – WEISSAGUNG

Urania Verlags AG

Herausgeber: Joanna Lorenz
Lektorat: Sarah Duffin
Design: Lesley Betts
Fotos: Don Last
Illustrator: Nadine Wickenden

1. Auflage 1999

ISBN 3-908652-07-3

© Urania Verlags AG, CH-8212 Neuhausen am Rheinfall,
1999 (deutsche Ausgabe)
© Anness Publishing Limited, 1999

Titel der Originalausgabe: „Runes“, Lorenz Books, London

Alle Rechte der Verbreitung,
auch durch Funk, Fernsehen,
fotomechanische Wiedergabe,
Tonträger jeder Art und
auszugsweisen Nachdruck,
vorbehalten.

Übersetzt aus dem Englischen
von Martin Rometsch
Satz: Fotosatz Reinhard Amann,
D-88317 Aichstetten

Printed in Singapore

# Inhalt

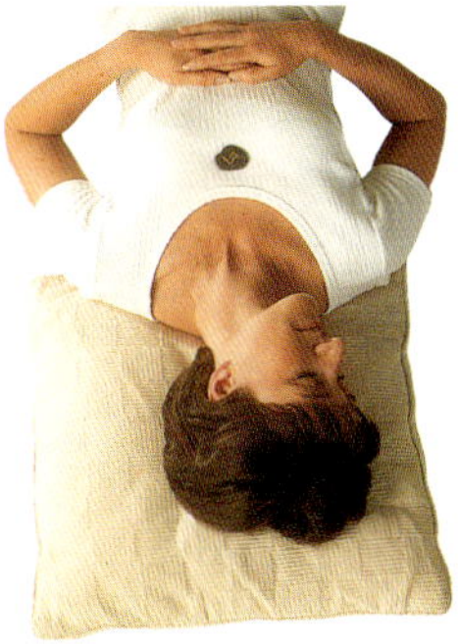

# Einführung

Der Sinn des Lebens besteht unter anderem darin, Wissen und Weisheit zu erwerben. Seit Anbeginn der Zeit haben Zeichen und Symbole die Menschen aller Kulturen fasziniert. Runen sind mächtige Sinnbilder, und wenn wir sie klug verwenden, lernen wir die Lektionen des Lebens besser und schneller.

Runen können nicht sämtliche Lebensprobleme lösen, und sie schenken uns auch keine magischen Kräfte. Sie sind jedoch Wegweiser, die uns den Weg durchs Leben zeigen. Dieses Buch erklärt, wie Sie diese Wegweiser lesen und ihre Botschaft verstehen können.

Runen rufen Bilder wach, und wenn wir mit diesen Bildern arbeiten, werden die Ratschläge und Lehren der Runen klar. Das Runenwerfen war einst wenigen Auserwählten vorbehalten. Damals strebte nur eine Minderheit nach Erleuchtung. Heute suchen viele Menschen Antworten auf spirituelle Fragen, und eine verständliche Einführung in ein uraltes Orakel kann ihnen dabei helfen.

Dieses Buch ist ein praktischer Leitfaden, der genau erklärt, wie man mit Runen arbeitet. Sie lernen schrittweise, wie Sie Ihre eigenen Runen herstellen und benutzen, und Sie erfahren, wie Sie eine, drei oder neun Runen werfen.

Sie können die Metaphorik und die Bedeutung jeder Rune am Ende dieses Buches nachschlagen und auf dieser Grundlage eigene Ideen entwickeln und tiefer in das Thema eindringen.

Die Fotos vermitteln Ihnen eine bessere Vorstellung von den Runen und zeigen Ihnen, daß Runen mehr als ein simples Orakel sein können.

Als praktizierender Schamane der keltischen Tradition sind die Runen ein Teil meiner spirituellen Entwicklung. Ich habe viel von ihnen gelernt und bin dadurch weiser geworden. Die Botschaft der Runen ist subtil, aber mächtig, und sie entfaltet ihre Wirkung auf vielen Ebenen. Sie können Runen nicht nur zum Wahrsagen verwenden, sondern auch um zu schützen, zu heilen, die Energiereserven zu vergrößern und zu lernen.

Viele Jahre lang habe ich Klagen über die „schwierigen" Runen gehört – aber auch über verwirrende oder zu tiefschürfende Bücher. Darum habe ich dieses Buch geschrieben. Es soll die Weisheit der Runen durch einfache Erklärungen und klare Illustrationen allen zugänglich machen.

Das Mysterium der Runen ist im Grunde nur ein Weg zu größerem Wissen, und diesen Weg kann jeder gehen.

# DIE GESCHICHTE DER RUNEN

DETAIL DER RUNENINSCHRIFT AUF EINEM SKANDINAVISCHEN STEIN

DER URSPRUNG der Runen ist ungewiß, obwohl die Archäologen Runeninschriften gefunden haben, die bis zu 2000 Jahre alt sind. Runen waren eine heilige Schrift nordgermanischer Stämme, vor allem in Britannien, Skandinavien und Island. Mancherorts wurde diese Schrift bis ins 17. Jahrhundert benutzt. Sie ist auf Gedenksteinen, Waffen, Werkzeugen und Bauwerken zu finden. Manche Forscher nehmen an, daß diese eckigen Zeichen aus vorchristlicher Zeit stammen; aber darüber besteht keine Einigkeit.

Die Winkel weisen darauf hin, daß die Zeichen in der Regel nicht geschrieben, sondern eingekerbt wurden. Das bestätigen auch die vielen Gedenksteine mit Runeninschriften und die Seltenheit von Runenmanuskripten. Das Wort „Rune" ist mit „Raunen" verwandt und bedeutet auch „Geheimnis" – ein Hinweis auf den magischen Charakter.

Es gibt viele verschiedene Runensysteme, von der frühgermanischen Schrift mit 24 Buchstaben über die angelsächsische Schrift mit ursprünglich 28 Buchstaben (später wurden daraus 33) bis zu den nordischen, dänischen und schwedischen Varianten mit 15 oder 16 Buchstaben. Heute sind noch etwa 4000 Inschriften und einige Manuskripte erhalten, und die weitaus meisten – ungefähr 2500 – kommen aus Schweden. Weitere Runeninschriften sind hauptsächlich in Norwegen, Dänemark, Großbritannien und Island zu finden, einige auch auf Inseln vor der britischen und skandinavischen Küste sowie in Frankreich, Deutschland und Rußland.

Wir wissen heute, daß es einst in ganz Nordeuropa Medizinmänner und –frauen gab und daß die Runen in ihrem komplexen und tiefgründigen Kult eine wichtige Rolle spielten. Initiationsriten wie Sprechgesang (galdr genannt) und rituelle Körperhaltungen (stadha) wurden mit Runen in Verbindung gebracht, und Runenmeister genossen höchstes Ansehen.

RUNENINSCHRIFT AUF DEM JELLINGSTEIN

## RUNEN EINST UND JETZT

Früher gab es vor allem zwei Arten von Menschen, die mit Runen arbeiteten: Runenschnitzer, deren Wissen über die Runen und ihre schützende Wirkung beschränkt war, und Runenmeister, Männer und Frauen, die sich mit der tieferen Bedeutung der Runen befaßten. Runenmeister verstanden es nicht nur, mit Runen in die Zukunft zu blicken, sondern benutzten die Symbole auch zum Heilen und in der Magie.

Seit Beginn des 20. Jahrhunderts sind Runen wieder populär geworden. Heute gibt viele Bücher über Runen, und man kann sogar in Schulen lernen, Runen als Orakel zu verwenden.

Die Tatsache, daß die Runen zwei Jahrtausende überlebt haben, läßt darauf schließen, daß sie uns erhalten bleiben sollen und daß ihre Macht nicht abgenommen hat.

## DAS RUNENALPHABET

Am häufigsten wird das frühgermanische Runenalphabet benutzt, der „ältere Futhark“, den Sie in diesem Buch kennenlernen. Das Wort „futhark“ gibt die ersten sechs Runen wieder, die den deutschen Buchstaben f, u, th, a, r und k entsprechen, ähnlich wie unser Wort „Alphabet“ den ersten beiden Buchstaben des griechischen Alphabets, alpha und beta, nachgebildet ist. Auf jedem Runenstein ist ein Buchstabe des Runenalphabets dargestellt. Man teilt den älteren Futhark in drei Gruppen (ätt) zu je acht Zeichen ein:

F U Th A R K G W
H N I J Y P Z S
T B E M L Ng D O

Hier ist ein deutsches Alphabet mit den entsprechenden Runen (für c, q und v gibt es keine Entsprechung):

| A | B | C | D | E | F | G | H | I | J | K | L | M | N | O | P | Q | R | S | T | U | V | W | X | Y | Z |
|---|---|---|---|---|---|---|---|---|---|---|---|---|---|---|---|---|---|---|---|---|---|---|---|---|---|
| ᚨ | ᛒ | | ᛞ | ᛖ | ᚠ | ᚷ | ᚺ | ᛁ | ᛃ | ᚲ | ᛚ | ᛗ | ᚾ | ᛟ | ᛈ | | ᚱ | ᛊ | ᛏ | ᚢ | | ᚹ | ᛚ | ᛇ | ᛉ |

RUNENSTEIN MIT DER ÄLTESTEN BEKANNTEN DARSTELLUNG DES ÄLTEREN FUTHARK IN SCHWEDEN

## NORDISCHE MYTHOLOGIE

Die Geschichte der Runen ist eng mit der spirituellen Geschichte der Skandinavier und ihren Göttern und Göttinnen verbunden. Viele Sagas schildern die Taten der nordischen Gottheiten. Der höchste Gott der nordischen Mythologie war Odin, der Allvater. Er entdeckte die Runen und war der erste Runenmeister. Seine Gemahlin war Frigg, und mit ihr hatte er zwei Söhne: Balder („der Schöne") und Thor (der Donnergott). Odin hatte einen Blutsbruder namens Loki, der in den Sagas die Rolle des Gauklers spielt.

ODIN

THOR

LOKI (RECHTS) UND HODR

FREY

Njord ist der Meeresgott, und seine Kinder sind Frey (der Gott der Fruchtbarkeit) und Freya (die Göttin des Krieges, der Liebe und der Magie). Die Sagas erwähnen noch viele andere Gottheiten, darunter Heimdal („der Strahlende"), Bragi (der Gott der Dichtkunst), Idun (die Göttin des Heilens und die Frau von Bragi) und Tyr (der Kriegsgott).

Als das Christentum sich ausbreitete, versuchte es, die alten Religionen zu unterdrücken. Runen wurden noch im 17. Jahrhundert in Gedenksteine geritzt, aber ihre magische Bedeutung war kaum noch bekannt und wird erst heute wieder beachtet, weil das Interesse an den alten Überlieferungen wächst.

## DIE SAGE VON ODIN UND DEN RUNEN

Während Odin sich einer schamanistischen Initiation unterzog, erschienen ihm die Runen. Die Sage erzählt, er habe neun Tage und Nächte mit dem Kopf nach unten an der Weltesche Yggdrasil gehangen. Das folgende Gedicht, ein Auszug aus einer Sage, berichtet davon aus der Sicht Odins:

*Ich weiß, daß ich hing*
*am wogenden Baum*
*neun Nächte lang,*
*verwundet vom Speer*
*und Odin geopfert –*
*ich mir selbst –*
*an jenem Baum,*
*von dem niemand weiß,*
*wo seine Wurzeln sind.*
*Man gab mir kein Brot*
*und kein Trinkhorn.*
*Ich schaute nach unten,*
*ich hob die Runen auf,*
*schreiend hob ich sie auf,*
*und fiel zur Erde hinab.*

Es ist bekannt, daß Selbstkasteiung Visionen auslösen kann, und wahrscheinlich verdanken diese Symbole ihre Existenz einer schamanistischen Vision dieser Art.

ODIN ALS „DER HÄNGENDE"
AUF EINER TAROTKARTE

# So machen Sie ihre Runen selbst

WENN SIE DIE RUNEN KENNENLERNEN wollen, sollten Sie unbedingt selbst einen Satz Runen anfertigen, anstatt fertige Runen zu kaufen. Das kostet zwar einige Zeit und Mühe, aber es vertieft Ihre Beziehung zu den Runen. Runen werden meist aus Holz oder Stein hergestellt, aber Sie können auch anderes Material, z. B. Kristalle, Glasperlen oder Ton, verwenden.

1 Sammeln Sie 24 Steine für Ihren Runensatz, und malen Sie die Zeichen mit einem feinen Pinsel und natürlicher Akrylfarbe darauf.

2 Lackieren Sie die Steine, wenn die Farbe trocken ist, um die Symbole zu schützen.

## DER UMGANG MIT STEINEN

Steine finden Sie überall auf der Welt. Für Runen eignen sich die Steine am Meeresufer und in Flußbetten am besten.

Kelten und Skandinavier glaubten, in jedem Stein wohne ein Geist, den man günstig stimmen müsse. Darum ist es wichtig, ein kleines Opfer an den Platz zu legen, von dem Sie einen Teil der Schöpfung wegnehmen. Eine traditionelle Gabe ist Meersalz, das aus den vier Elementen Erde, Luft, Feuer und Wasser besteht. Sie können auch Tabak (er ist den Indianern heilig), Mais (er gilt in der Alten Welt als heilig) oder bunte Bänder dafür nehmen.

DER VOLLSTÄNDIGE RUNENSATZ

## RUNEN AUS HOLZ

Am häufigsten benutzt man für die Runen das Holz der Esche (des Weltbaumes), der Eibe (die Rune Eoh) und der Birke (die Rune Beorc), weil es einen unmittelbaren Bezug zu den Runen hat. Sie können aber auch das Holz der folgenden Bäume verwenden:

EBERESCHE: EIN SCHÜTZENDER BAUM
WEIDE: EIN BAUM, DER ENG MIT DEM MOND VERBUNDEN IST
EICHE: EIN SYMBOL DER KRAFT
HASELNUSSBAUM: EIN LIEBLING DER WAHRSAGER
APFELBAUM: EIN SYMBOL DER LIEBE
SCHWARZDORN: EIN MÄNNLICHES SYMBOL SPIRITUELLER AUTORITÄT
WEISSDORN: DIE SCHÜTZENDE SCHWESTER DES SCHWARZDORNS

1 Ehe Sie einen Ast abschneiden, legen Sie die Hände auf den Stamm und sprechen ein kurzes Gebet als Erlaubnis.

2 Streuen Sie ein wenig Meersalz auf die Wurzeln des Baumes, um ihn zu ehren, bevor Sie einen kleinen Ast abschneiden.

3 Sägen Sie den Ast mit einer Handsäge in 24 kleine Scheiben mit 2 bis 5 cm Durchmesser.

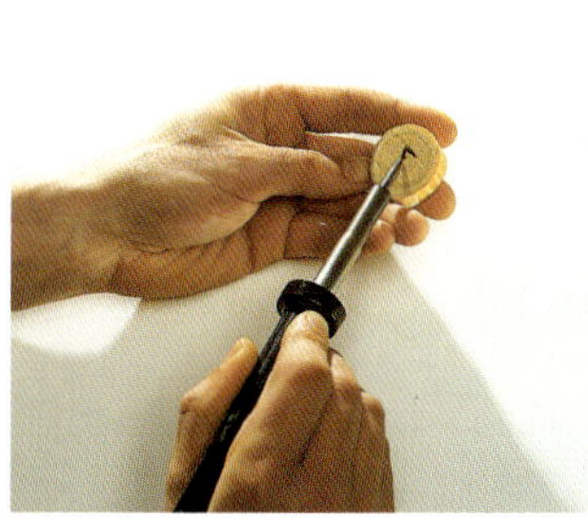

4 Brennen Sie die Runen mit einem Schürhaken oder einem Lötkolben in die Scheiben.

5 Tauchen Sie einen Lappen in Bienenwachs, und verreiben Sie es, um das Holz zu schützen.

DER VOLLSTÄNDIGE RUNENSATZ

## DIE REINIGUNG DER RUNEN

Wenn die Runen fertig sind, müssen sie spirituell gereinigt werden. Dafür gibt es mehrere Methoden: Sie können die Runen eine Nacht im Licht des Vollmonds liegen lassen, sie mit Kräutern räuchern oder sie mit fließendem Wasser aus einer Quelle, einem Brunnen oder einem Bach abspülen – nicht mit Leitungswasser, es enthält Chemikalien, die auch für uns schädlich sind.

1 Streuen Sie Meersalz ans Ufer eines Baches, um ihn zu ehren, ehe Sie Ihre Runen reinigen. Sprechen Sie ein Gebet.

2 Legen Sie die Runen in einen Beutel, und tauchen Sie ihn kurz oder eine Nacht lang ins Wasser (folgen Sie Ihrer Intuition).

## DAS „LADEN" DER RUNEN

Nun „laden" Sie die gereinigten Runen mit Energie. Manche Runenmeister legen sie dazu in die Mittagssonne, andere wiederum begraben sie neun Tage lang in der Erde. Hier benutzen wir die Kraft der vier Elemente.

1 Legen Sie die Runen auf ein Tuch, und bestreuen Sie sie mit Meersalz – mit der Energie der Erde.

2 Räuchern Sie jede Rune mit Weihrauch, und bitten Sie das Element Luft um seine Energie.

3 Führen Sie jede Rune durch eine Kerzenflamme, um ihr die Energie des Feuers zu geben.

4 Besprengen Sie die Runen mit Quellwasser, um sie mit der Energie des Wassers zu „laden".

## DIE PFLEGE DER RUNEN

Runen sind mächtige Verbündete, vorausgesetzt, Sie behandeln sie mit der Umsicht und Achtung, die sie verdienen. Nach dem Reinigen und Laden enthalten sie Ihre einzigartige Energie, und darum sollten Sie Ihre Runen nie ausleihen. Andere Menschen dürfen sie aber anfassen, und manchmal müssen sie das sogar tun, um sich darauf konzentrieren zu können. Das ist zum Beispiel dann der Fall, wenn Sie die Runen für Freunde legen. Andere sollten aber nicht mit ihnen arbeiten.

Wenn Sie mit Ihren Runen arbeiten, besonders wenn Sie oft Sitzungen für andere abhalten, müssen Sie die Steine regelmäßig reinigen. Außerdem empfiehlt es sich, die Runen einmal im Jahr neu zu laden. Sobald Sie mit Ihren Runen vertraut sind, spüren Sie, wann eine Reinigung notwendig ist. Wenn Sie die Runen längere Zeit nicht benutzt haben, sollten sie erneut mit der Energie der Sonne und des Mondes geladen werden. Lassen Sie die Steine einfach 24 Stunden lang draußen liegen.

SIE KÖNNEN EIN TUCH BENUTZEN, UM DIE RUNEN EINZUWICKELN UND ZU LEGEN.

EIN BEUTEL IST WICHTIG ZUM AUFBEWAHREN DER RUNEN.

# Von den Runen lernen

ALLES IM UNIVERSUM schwingt, nichts steht still. Manche Dinge schwingen harmonisch, andere disharmonisch. Alles, was ausgewogen und gesund ist, schwingt harmonisch, alles Unausgewogene und Ungesunde schwingt disharmonisch. Pflanzen, Tiere, Kristalle und andere natürliche Objekte, die der Mensch nicht verdorben hat, haben harmonische Schwingungen.

Auch der Mensch strebt letztlich nach Ausgewogenheit und Harmonie. Die Runen sind Symbole, deren Schwingungen uns helfen, Lektionen zu lernen, die unsere Ausgewogenheit fördern. Sie sind wie verlorene Saiten, die wir finden und anschlagen müssen. Jeder Rune ist ein Baum, eine Farbe, ein Kraut und ein Kristall zugeordnet. Die Schwingungen dieser natürlichen Dinge helfen uns, die Runen zu verstehen – sie enthalten einige Töne der verlorenen Saiten.

Wenn Sie von den Runen lernen wollen, müssen Sie sich auf ihre Schwingungen einstimmen. Der Baum, die Farbe, das Kraut und der Kristall bauen ein feinstoffliches Feld auf, unter dessen Einfluß das Unbewußte die Schwingungen der Runen auffangen und ihre Informationen an das Bewußtsein weitergeben kann. Sie brauchen also nicht die Bedeutung einer Rune zu suchen – die Bedeutung findet Sie.

Die alten Kelten, die Wikinger und alle Menschen, die in Harmonie mit der Schöpfung leben, glaubten, daß die ganze Natur mit einer Energie erfüllt ist, mit der wir Kontakt aufnehmen und von der wir lernen können. Nicht nur Bäume, Kräuter und Kristalle sind von einem „Geist" beseelt, sondern auch Steine und Runen. Spirituelle Techniken und Meditation ermöglichten es den Alten, Schwingungen und ihre Botschaften zu empfangen.

Wenn Sie mit den Gaben der Natur meditieren, nehmen Sie ihre Schwingungen wahr. Zuerst berühren, halten, riechen und meditieren Sie. Die dadurch ausgelöste Flut von Bildern und Empfindungen können Sie besser verstehen, wenn Sie mit Runen arbeiten.

LERNEN SIE AUSGEWOGENHEIT UND HARMONIE VON DER NATUR.

## MEDITATION MIT IHRER PERSÖNLICHEN RUNE

Halten Sie den Beutel mit Ihren Runen in den Händen, und befreien Sie den Geist von allen banalen Gedanken. Bitten Sie die Runen, Ihnen Ihre persönliche Rune zu zeigen. Nehmen Sie dann eine Rune aus dem Beutel, halten Sie sie in der Hand, und meditieren Sie eine Weile. Achten Sie dabei auf alle Bilder und Gedanken, die sich einstellen.

Der Baum, die Farbe, das Kraut und der Kristall, die zu einer Rune gehören, sind Schlüssel zum Verständnis der Rune. Sie können die Farbe tragen und neben dem Baum meditieren, während Sie das Kraut und den Kristall in der Hand halten. Wenn das nicht möglich ist, genügt auch ein klares Bild vor dem geistigen Auge, ehe Sie zu meditieren beginnen. Bitten Sie Ihre persönliche Rune, Ihnen ihre Botschaft zu übermitteln. Das ist oft ein geistiges Bild, und Sie sollten es notieren. Überlegen Sie, was die Bilder bedeuten könnten oder welche Botschaften sie enthalten. Machen Sie sich keine Sorgen, wenn Sie nicht alle Eindrücke deuten können; manche offenbaren sich erst nach einiger Zeit. Seien Sie geduldig.

EINE MEDITATION MIT ENGELWURZ HILFT IHNEN, DIE IHR ZUGEORDNETE RUNE ZU DEUTEN.

DIE MEDITATION MIT EIBENZWEIGEN UND EINEM BLAUEN BAND MACHT DIE BOTSCHAFT DER RUNE EOH VERSTÄNDLICHER.

Wenn Sie eine Weile mit Ihrer persönlichen Rune gearbeitet haben, sollten Sie auch den Baum, die Farbe, das Kraut und den Kristall erforschen. Sie alle haben heilende Kräfte und geben Ihnen Hinweise auf problematische Lebensbereiche und auf Lektionen. Die Eiche lehrt uns beispielsweise, stark zu sein, aber sie warnt auch vor Starrheit – denn sie bricht leicht im Sturm.

Die Weide lehrt uns dagegen, flexibel zu sein, denn sie biegt sich im Wind. Selbst wenn ein Ast abbricht, treibt er Wurzeln und wächst zu einem neuen Baum heran. Die Weide fördert also auch die Regeneration.

# RAT VON DEN RUNEN

WENN SIE DIE LÖSUNG eines Problems oder die Antwort auf eine Frage suchen oder vor einer wichtigen Entscheidung stehen, können Sie die Runen befragen. Sie sagen Ihnen nicht genau, was Sie tun sollen, sondern erläutern eine Situation und zeigen sie Ihnen aus einem neuen Blickwinkel. Dadurch sehen Sie die Lage objektiver und können sich leichter entscheiden. Die Weisheit der Runen ist subtiler als „ja" oder „nein". Wenn Ihnen das genügt, werfen Sie eine Münze!

Konzentrieren Sie sich auf das Problem, und halten Sie dabei Ihren Runenbeutel in den Händen. Dadurch senden Sie Schwingungen in die Runen. Die Runen, die Ihnen einen Rat geben können, schwingen dann mit, und Sie holen unbewußt die richtigen Runen aus dem Beutel.

Je konzentrierter Sie sind, desto klarer ist die Antwort. Während Sie sich auf das Problem konzentrieren, bitten Sie die Runen, die Situation zu erläutern. Das ist besser als eine Frage, die sich mit „ja" oder „nein" beantworten läßt.

Angenommen, Sie wollen wissen, ob Sie umziehen sollen. Anstatt zu fragen „Soll ich umziehen oder nicht?", sollten Sie sagen: „Ich würde gerne die Meinung der Runen darüber hören, ob ich umziehen soll."

Wenn Sie etwas über Ihren Partner erfahren wollen, bitten Sie die Runen um einen Kommentar zur Partnerschaft und fragen nicht: „Ist er der Richtige für mich?"

BEFRAGEN SIE DIE RUNEN, WENN SIE RAT BRAUCHEN. JE KONZENTRIERTER SIE SIND, DESTO KLARER SIND DIE ANTWORTEN.

Danach ziehen Sie die Runen. Sie können einzelne Runen aus dem Beutel holen und vor sich auf einem Tuch ausbreiten. Sie können aber auch alle Runen verdeckt (mit dem Zeichen nach unten) vor sich hinlegen und die Rune aufheben, zu der Ihre Hand sich am meisten hingezogen fühlt. Diese Anziehung kann sich als Wärme und/oder Prickeln äußern, wenn die Hand über der richtigen Rune schwebt. Wenn Sie die Rune ausgewählt haben, drehen Sie sie von links nach rechts um und legen sie vor sich hin.

Beim Ziehen der Rune sollten Sie eine klare Vorstellung davon haben, welche Erläuterung Sie von ihr erwarten. Wenn Sie nur einen allgemeinen Überblick haben wollen, genügt eine einzige Rune. Es kann aber auch sein, daß Sie mehrere Aspekte eines Problems erläutert haben wollen, zum Beispiel: Was hat dieses Problem verursacht (Vergangenheit)? Was kann ich jetzt dagegen tun (Gegenwart)? Wie könnte eine Lösung aussehen (Zukunft)? In diesem Fall brauchen Sie drei Runen, und Sie müssen sich beim Ziehen auf diese drei Aspekte so intensiv wie möglich konzentrieren.

So erhalten Sie ziemlich spezifische Ratschläge, die Ihnen auf der Reise durchs Leben auf praktische Art und Weise nützlich sind.

Jeder kann Runen deuten, und diese Fähigkeit verbessert sich mit zunehmender Übung und ein wenig Selbstdisziplin. Jedesmal, wenn Sie die Runen lesen, sollten Sie aufschreiben, welches Problem Sie den Runen vorlegen, welche Runen Sie ziehen und wie Sie diese Rune deuten.

Lesen Sie Ihre Notizen einen Monat später noch einmal, und halten Sie neue Einsichten fest, die Ihnen inzwischen gekommen sind. So können Sie besser einschätzen, was an Ihrer ursprünglichen Deutung richtig war, und Ihre Fertigkeiten verbessern sich. Mit der Zeit verstehen Sie, was die Runen Ihnen sagen wollen, wie sie zu Ihnen sprechen und was Sie von ihnen lernen können.

METHODE 2

1 Konzentrieren Sie sich auf Ihre Frage, ehe Sie die Runen einzeln aus dem Beutel holen.

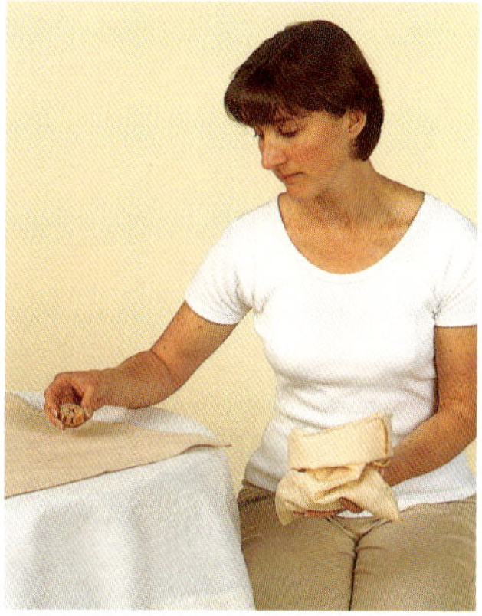

2 Wenn Sie eine Rune gezogen haben, drehen Sie sie von links nach rechts um und legen sie vor sich auf das Tuch.

METHODE 1

1 Legen Sie alle Runen verdeckt auf das Tuch. Halten Sie die Hand darüber, und achten Sie darauf, zu welchen Runen die Hand sich hingezogen fühlt.

2 Wenn die Hand über der richtigen Rune schwebt, wird sie vielleicht warm und prickelt. Nun drehen Sie die Rune von links nach rechts um und legen sie vor sich hin.

# DIE DEUTUNG DER RUNEN

UM EIN MEISTER der Runendeutung zu werden, müssen Sie Ihre Intuition schulen, denn sie ist die Verbindung zu Ihrem allwissenden höheren Selbst, das Ihr Lebensziel und das Lebensziel aller Menschen, denen Sie begegnen, kennt und daher am besten weiß, wie Sie Menschen helfen können, die Ihren Rat suchen. Die Intuition verschafft Ihnen Zugang zu diesem verborgenen Wissen, und die Runen dienen dabei als Katalysatoren.

## MEDITATION SCHULT DIE INTUITION

Meditation eignet sich am besten dafür, die Intuition zu schulen; denn wenn Sie die Stimme Ihres höheren Selbstes hören wollen, müssen Sie in einem dafür empfänglichen Zustand sein. Wenn Sie eine Rune ziehen, um sie zu deuten, ist es wichtig, mit dieser Rune zu meditieren, um Ihre Intuition anzuregen. Die folgende Übung zeigt Ihnen, wie man es macht.

Suchen Sie sich einen ruhigen Platz, an dem Sie nicht von anderen Leuten oder Telefonen gestört werden. Das kann im Freien sein oder im schwach beleuchteten Wohnzimmer. Eine Kerze hilft Ihnen, sich zu konzentrieren. Setzen Sie sich bequem hin, halten Sie Ihren Runenbeutel in den Händen, und schließen Sie die Augen. Atmen Sie ein paarmal tief ein, und entspannen Sie jeden Muskel des Körpers. Befreien Sie den Geist von allen Gedanken. Konzentrieren Sie sich auf die Atmung, oder stellen Sie sich vor, Sie befänden sich an einem schönen See. Wenn ein Gedanke aufsteigt, lassen Sie ihn einfach vorüberziehen.

Sobald Sie bereit sind, holen Sie eine Rune aus dem Beutel und halten sie in der Hand. Stimmen Sie sich auf ihre Schwingung ein, und bitten Sie sie, zu Ihnen zu sprechen. Öffnen Sie den Geist, so daß Gedanken und Bilder eindringen können. Wenn Sie spüren, daß es Zeit ist, danken Sie der Rune, öffnen die Augen und betrachten die Rune. Notieren Sie alle empfangenen Bilder und Botschaften sorgfältig.

Schlagen Sie nach, was die Rune bedeutet, und überlegen Sie, was das mit Ihren Empfindungen während der Meditation

DIE MEDITATION MIT EINER RUNE ÖFFNET DIE TÜR ZUR INTUITION.

zu tun hat. Achten Sie auf Unterschiede und Ähnlichkeiten zwischen den empfangenen Bildern und den Erläuterungen in diesem Buch. Meditieren Sie nun erneut, und bitten Sie die Rune, Ihnen zu zeigen, wie die verschiedenen Bilder zusammenpassen. Schreiben Sie dann Ihre Gedanken und Eindrücke auf.

Mit der Zeit fallen Ihnen solche Übungen und die Deutungen der Runen immer leichter. Seien Sie geduldig. Die Runen enthüllen ihr Geheimnis nur, wenn sie wissen, daß Sie dafür bereit sind.

DIE RUNE FEOH BEDEUTET „REICHTUM".

## UMGEKEHRTE RUNEN

Bei manchen Runen ändert sich das Zeichen, wenn sie „auf dem Kopf stehen". Wenn Sie eine solche Rune umdrehen, hat sie auch eine andere Bedeutung. Viele Leute halten umgekehrte Runen für negativ. Das ist falsch. Die erste Rune, Feoh, bedeutet zum Beispiel Reichtum – aber wenn sie umgekehrt erscheint, kündigt sich nicht Armut an.

DIE UMGEKEHRTE RUNE FEOH BEDEUTET „REICHTUM ENTDECKEN".

Jede Rune hat ihre eigene Botschaft. Eine umgekehrte Rune will uns sagen, daß wir das lernen sollen, was die „aufrechte" Rune verkündet, weil genau das uns fehlt. Die umgekehrte Rune Feoh bedeutet also nicht „Armut", sondern „Reichtum entdecken". Das ist ein feiner, aber wichtiger Unterschied.

Umgekehrte Runen weisen auf Lösungen hin, nicht auf Probleme. Überlegen Sie lieber, was eine Rune Sie lehren will, anstatt ihre negativen Aspekte zu untersuchen.

# DIE EINZELNE RUNE

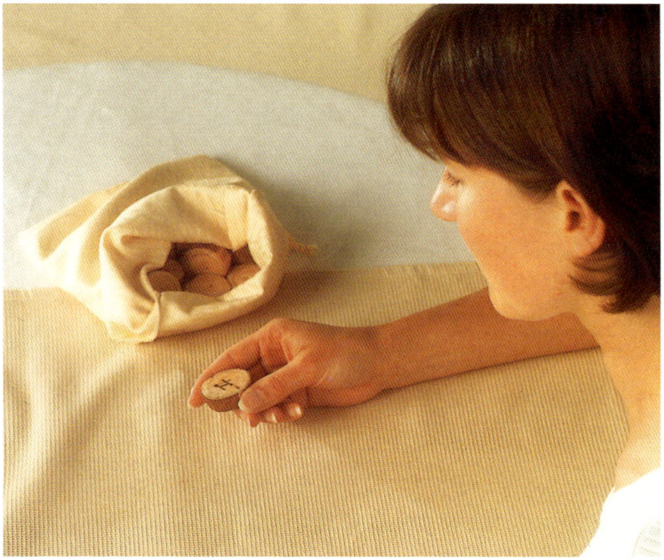

Sie können aus mehreren Gründen eine einzelne Rune ziehen: um einen Rat für den Tag oder für ein beginnendes Projekt zu bekommen oder um ein Problem zu erhellen. Die einzelne Rune gibt einen Überblick über eine Situation, und oft brauchen Sie gar nicht mehr. Diese Methode ist einfach, schnell und wirksam.

Bevor Sie die Rune ziehen, halten Sie Ihren Runenbeutel in der Hand und konzentrieren sich auf das Problem, das die Runen kommentieren sollen. Dabei können Sie sagen:

1. „Ich möchte, daß die Runen mir sagen, wie der neue Tag verläuft."
2. „Ich möchte, daß die Runen etwas über ... (ein künftiges Projekt, ein Problem, eine Frage) sagen."

Ziehen Sie nun eine Rune, halten Sie sie in der Hand, und meditieren Sie. Schlagen Sie dann ihre Bedeutung nach.

DIE RUNE HAEGL BEDEUTET „HERAUSFORDERUNG".

### BEISPIEL 1

Susan suchte einen Partner. Sie hatte einige Männer gekannt, die ihrer Meinung nach nicht zu ihr paßten. Nun hatte sie das Gefühl, daß es ihr nicht bestimmt war, glücklich zu sein, und darum befragte sie die Runen. Sie zog Haegl.

**Bedeutung:** Die Rune riet Susan, an ihrem Traum festzuhalten und sich vom richtigen Mann finden zu lassen, anstatt nach ihm zu suchen.

Weiter sagte die Rune, jede Herausforderung sei ein Schritt auf dem Weg zur Erfüllung des Traumes.

Das verstand sie, und sie änderte ihre Lebenseinstellung. Von da an nahm sie jede Herausforderung freudig an und konzentrierte sich darauf, die jeweiligen Lektionen des Lebens zu lernen. Bald darauf traf sie ihren Traummann, und neulich haben die beiden ein Haus gekauft.

DIE RUNE GYFU BEDEUTET „GESCHENK".

## BEISPIEL 2

John suchte ein neues Haus. Er hatte eines gefunden, das ihm gefiel, aber vor dem Kauf gab es Probleme. Er wollte wissen, ob das Haus für ihn das richtige sei, weil er nicht seine Zeit verschwenden wollte. Er befragte die Runen und zog Gyfu.

**Bedeutung:** John würde etwas bekommen (das Haus), aber er mußte etwas dafür geben (seine Energie), bevor es ein Teil seines Lebens werden konnte. Sein Einsatz würde ihn etwas Wichtiges lehren. Also blieb John beharrlich, und der Kauf wurde ohne weitere Probleme abgewickelt.

THE RUNE RAD BEDEUTET „LEBENSRAD".

## BEISPIEL 3

Tony war entlassen worden. Da seine Arbeit ihm nicht gefallen hatte, war er erleichtert, hatte aber auch Angst vor der Zukunft und suchte eine neue Stelle. Er befragte die Runen und zog Rad.

**Bedeutung:** Tony erfuhr, daß ein Zyklus in seinem Leben zu Ende gegangen war. Er mußte in der Gegenwart leben, seine Lektionen lernen und darauf vertrauen, in der Zukunft noch mehr lernen zu dürfen. Nach mehreren erfolglosen Vorstellungsgesprächen wurde ihm klar, daß er seinen ungeliebten Beruf wechseln mußte. Heute arbeitet er auf dem Land und hat große Freude daran.

# Der Drei-Runen-Spread

DAS LEGEMUSTER (SPREAD) mit drei Runen eignet sich vor allem für einen allgemeinen Überblick. Es stellt ein Problem in einen größeren Kontext, enthüllt seine Ursachen und nennt die wahrscheinlichsten Folgen. Dieser Spread ist eine Art Wegweiser an einer Kreuzung – er zeigt Ihnen, wo Sie waren, wo Sie sind und wohin Sie gehen können, sofern Sie lernen, was sie lernen sollen.

Beim Drei-Runen-Spread werden die Runen folgendermaßen ausgelegt:

1. Vergangenheit 2. Gegenwart 3. Zukunft

Wenn Sie einige Zeit über ein Problem nachgedacht haben und es klar vor Augen sehen, ziehen Sie die erste Rune. Konzentrieren Sie sich darauf, und denken Sie an die möglichen Ursachen des Problems. Ziehen Sie nun die zweite Rune, konzentrieren Sie sich auf sie und denken Sie an den derzeitigen Stand des Problems. Dann ziehen Sie die dritte Rune und konzentrieren sich auf Ihren Wunsch, mögliche Folgen und Lösungen zu kennen.

Konzentrieren Sie sich auf jede einzelne Rune und ihre Bedeutung. Je mehr Sie sich konzentrieren, desto klarer sind die Antworten.

DREI-RUNEN-SPREAD AUS GYFU, TIR UND EOH.

### BEISPIEL 1

Anne war seit sechs Monaten kränklich. Sie hatte Ärzte und Heilpraktiker konsultiert, jedoch ohne Erfolg. Sie verstand nicht, warum sie immer wieder krank wurde. Sie zog die drei Runen Gyfu, Tir und Eoh.

**Bedeutung:** Die Rune Gyfu zeigte Anne, daß ihre Krankheit ein Geschenk war, das sie nicht akzeptiert hatte. Sie sollte aus der Krankheit lernen. Tir versprach ihr Gesundheit für den Fall, daß sie ihrem Selbst und ihren Überzeugungen treu blieb. Eoh kündigte eine große Veränderung an, eine neue Lebensphase.

Anne mußte sich von der Vergangenheit lösen und die Zukunft willkommen heißen. Sie erkannte, daß die Arznei in ihr selbst lag. Nachdem sie einige alte Probleme gelöst hatte, wurde sie rasch gesund.

DER-RUNEN-SPREAD AUS OTHEL, MAN UND DORN

## BEISPIEL 2

James war im vergangenen Jahr im Ausland gewesen und hatte ein spirituelles Leben mit Eingeborenen geführt. Nach seiner Rückkehr hatte er das Gefühl, alles verloren zu haben, was er gewonnen hatte. Er war verwirrt und fühlte sich seinen Angehörigen und Freunden fremd. Er zog Othel, Man und Dorn.

**Bedeutung:** Othel betraf die Zeit fern der Zivilisation, als James sich frei fühlte, und deutete an, daß er versuchte, sich diese Freiheit zu erhalten. Man zeigte ihm, daß er nichts verloren hatte – alles, was er verloren glaubte, wartete auf ihn. Er müßte seine Gefühle akzeptieren und von ihnen lernen. Dorn versicherte ihm, er habe nichts zu befürchten. Er mußte demütig, nicht hochmütig sein, dann würde er alles zurückbekommen, was er für verloren hielt.

James wußte nun, daß er das erworbene Wissen in sein Leben integrieren und mit anderen teilen mußte.

# TIEFERE EINSICHTEN DURCH RUNEN

SIE KÖNNEN RUNEN BENUTZEN, um tiefere Einsichten zu gewinnen, die Ihnen auf dem spirituellen Weg helfen. Die folgenden Spreads helfen Ihnen, die Lektionen des Lebens zu verstehen und von ihnen zu lernen. Für einige Legemuster brauchen Sie viele Runen. Wenn Sie wollen, können Sie jede gezogene Rune notieren und dann in den Beutel zurücklegen, damit Sie immer 24 Runen zum Ziehen haben.

Folgen Sie Ihrer Intuition. Hier ist nichts „richtig" oder „falsch".

## DER SPREAD DER VIER ELEMENTE

Die nordische Tradition hält die vier Elemente Erde, Wasser, Feuer und Luft für die Bausteine des Universums und schreibt ihnen verschiedene Richtungen und Qualitäten zu. Der Norden ist der Ort der Erde, der Westen der des Wassers. Der Süden ist der Ort des Feuers, der Westen der Ort der Luft. Wenn Sie jeweils eine Rune in jede Himmelsrichtung legen, nehmen die Runen die Eigenschaften der entsprechenden Elemente an.

DER BACH SYMBOLISIERT DAS WASSER, DIESES DAS SEELISCHE GLEICHGEWICHT UND DAS „SCHWIMMEN IM STROM".

MEERSALZ SYMBOLISIERT DIE ERDE, DIESE STEHT FÜR ALLE PHYSISCHEN LEKTIONEN DES LEBENS.

DIE KERZENFLAMME SYMBOLISIERT DAS FEUER, DIESES UNSERE LEBENSWEISE UND SPIRITUALITÄT.

RAUCH SYMBOLISIERT DIE LUFT, DAS SINNBILD DER UMWANDLUNG VON WISSEN IN WEISHEIT.

1. Erde: Sie liegt im Norden des Spreads. Sie zieht nach unten, „erdet“ und steht für körperliche Lektionen des Lebens.

2. Wasser: Es liegt im Westen, zieht nach oben, trägt und symbolisiert seelische Lektionen.

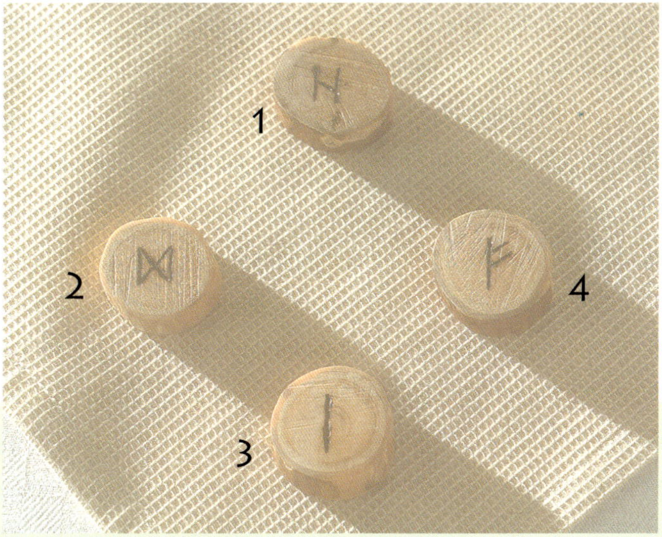

DER SPREAD DER VIER ELEMENTE, HIER HAEGL, DAEG, IS UND – UMGEKEHRT – FEOH.

3. Feuer: Es liegt im Süden des Spreads und symbolisiert spirituelle Lektionen und das sich entfaltende Schicksal.

4. Luft: Sie liegt im Osten, kann Wissen heranziehen und symbolisiert den Ort, an dem wir Weisheit suchen sollen.

BEISPIEL

Jenny hatte ihre Mutter verloren. Es war zwar kein Schock für sie, aber sie kam nicht darüber hinweg. Sie bat die Runen um Hilfe und Rat und zog Haegl, Daeg, Is und die umgekehrte Rune Feoh.

**Bedeutung:** Haegl bezieht sich auf eine physische Herausforderung – die Organisation der Beerdigung –, die jedoch nicht von Dauer sein wird.

Daeg verkündet ein Licht, und Jenny erkannte, daß sie in seelischer Dunkelheit lebte, obwohl ihre Mutter sich jetzt im Licht befand. Das tröstete sie sehr.

Jenny mußte geduldig sein und den Trauerprozeß schrittweise bewältigen, sie mußte jetzt auf ihr Leben zurückblicken und ihre Lektionen lernen.

Feoh erinnerte sie an die Liebe und Weisheit, die ihre Mutter ihr gegeben hatte – niemand kann ihr die Erinnerung nehmen.

Die Deutung gab Jenny Kraft und Inspiration in einer schwierigen Lebensphase.

# DIE WELTESCHE

DER WELTBAUM ist eines der ältesten und bekanntesten Symbole aller Völker. In den meisten Religionen, auch im Christentum und in der jüdischen Kabbala, finden wir den heiligen Baum als Sinnbild.

In der nordischen Mythologie ist Yggdrasil die Weltesche und der Baum des Lebens und des Todes. Viele Naturgeister, Devas und Elementargeister bewohnen den Baum. Im visionären Zustand stiegen Schamanen die Weltesche hinab und baten diese unsichtbaren Wesen um Rat.

Die höchsten Äste Yggdrasils reichen bis in die obere Welt, wo Engel, hochentwickelte Seelen und übernatürliche Wesen leben. Auch sie wurden von den Schamanen befragt.

Manchmal wird die Weltesche auch mit Ästen dargestellt, auf denen Seelen leben, die von der Erde kommen oder zu ihr hinabsteigen.

Der Weltbaum ist ein mächtiger Archetyp und eine Quelle des Wissens und der Weisheit. Darum ist der folgende Spread ein Wegweiser auf der abenteuerlichen spirituellen Reise zur Erleuchtung.

Er informiert über bevorstehende Lektionen und Herausforderungen, über Führer und Verbündete, Omen und so weiter. Wir erfahren, daß wir letztendlich aus allen Ereignissen lernen und dadurch besser, stärker und weiser werden können.

Der Spread beginnt auf der Erde und strebt am Stamm nach oben zum Himmel. Er symbolisiert einen Abschnitt der spirituellen Reise, und dieses Bild sollten Sie klar vor Augen haben.

Hier benutzten Sie den Spread als Orakel: Sie stellen keine Frage, sondern Sie wollen erfahren, wie Sie auf Ihrem Pfad des Lernens rascher vorankommen.

Die Runen sprechen unmittelbar zu Ihnen und für Sie. Lauschen Sie ihrer Weisheit.

DIE WELTESCHE YGGDRASIL, IN STEIN GEHAUEN

DIE WELTESCHE ALS SPREAD

Die Positionen haben folgende Bedeutung:

1. Was müssen Sie lernen?
2. Was wird Sie herausfordern?
3. Ihre persönliche Rune
4. Wer hilft Ihnen?
5. Was warnt Sie?
6. Wovon müssen Sie sich lösen?
7. Was geschieht, wenn Sie diese Lektion gelernt haben?

**BEISPIEL**

1. Nyd: Sie müssen lernen, daß die Vergangenheit nur eine Erinnerung und die Zukunft nur ein Traum ist.

Einfluß haben Sie nur auf das Jetzt.

2. Tir umgekehrt: Erkennen Sie Ihre Schwächen an, und machen Sie daraus Stärken.

3. Peord: Ihre persönliche Rune erinnert Sie daran, daß Sie einen freien Willen haben.

4. Feoh: Ihr spiritueller Reichtum macht Sie stark. Nutzen Sie ihn zum Wohl aller Menschen.

5. Haegl: Herausforderungen stehen Ihnen bevor. Haben Sie keine Angst – freuen Sie sich darauf.

6. Eolx: Überwinden Sie endlich Ihre Furcht – Sie haben die innere Kraft, sich selbst zu schützen.

7. Jara: Sie werden bald mit Freude ernten, was Sie gesät haben.

# HILFE BEI UNKLAREN ANTWORTEN

MANCHMAL befragen Sie die Runen und sind danach so klug wie zuvor. Runen können zweideutig sein, vor allem wenn Ihre Frage unklar war.

In solchen Fällen können Sie eine zusätzliche Rune ziehen. Bitten Sie die Runen um eine genauere Erklärung, und ziehen Sie eine Rune. Diese erläutert, was die Runen Ihnen verschlüsselt zu sagen versuchen.

WENN DIE RUNEN ZWEIDEUTIG SIND, BITTEN SIE UM EINE ERLÄUTERUNG UND ZIEHEN EINE ZUSÄTZLICHE RUNE.

## BEISPIEL

David wurde seit einiger Zeit von Alpträumen geplagt und wollte davon befreit werden. Seine Familie riet ihm, einen Arzt aufzusuchen, aber er dachte eher an einen Farbtherapeuten. Die Alpträume wurden unerträglich.

Er bat die Runen, ihm die richtige Richtung zu zeigen, damit er sein Problem lösen konnte. Er legte den Drei-Runen-Spread und zog Feoh umgekehrt (Vergangenheit), Man umgekehrt (Gegenwart) und Ur (Zukunft).

**Bedeutung:** Feoh umgekehrt weist auf seelische Störungen als Ursache des Problems hin. Man umgekehrt riet David, selbst zu entscheiden. Ur versprach, daß seine Wünsche nach der Heilung in Erfüllung gehen würden.

Das war alles positiv, aber David wußte noch nicht, welche Therapie er wählen sollte. Darum zog er noch eine Rune, und zwar Daeg, ein Hinweis auf die Macht des Lichts.

Jetzt wußte er, daß die Farbtherapie für ihn die richtige war. Diese befreite ihn rasch von seinen Alpträumen, und er konnte seinen Weg fortsetzen.

# Selbst entworfene Legemuster

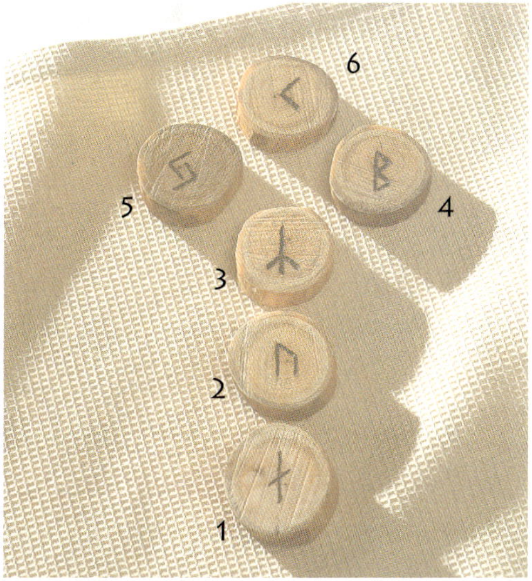

DAS KELTISCHE KREUZ

Die bisher vorgestellten Spreads sind ein Ausgangspunkt. Sie sollen Ihnen zeigen, wie flexibel das Runenorakel ist. Sie können auch eigene Legemuster entwerfen und selbst festlegen, was die einzelnen Runen bedeuten sollen. Wenn Sie sich beim Ziehen darauf konzentrieren, erhalten Sie Antworten auf jede Frage. Hier sind zwei komplexere Spreads:

## DAS KELTISCHE KREUZ

1. Die Ursache Ihrer Unklarheit
2. Wo und wie sollten Sie Ihre Energie einsetzen?
3. Was hemmt Ihren Fortschritt?
4. Was hilft Ihnen, das Hindernis zu überwinden?
5. Was fehlt Ihnen noch?
6. Die Folgen dieser Erfahrung?

DAS KELTISCHE KREUZ MIT EINGEKERBTEN SPIRALEN, SYMBOL FÜR DIE ZUNEHMENDE WEISHEIT

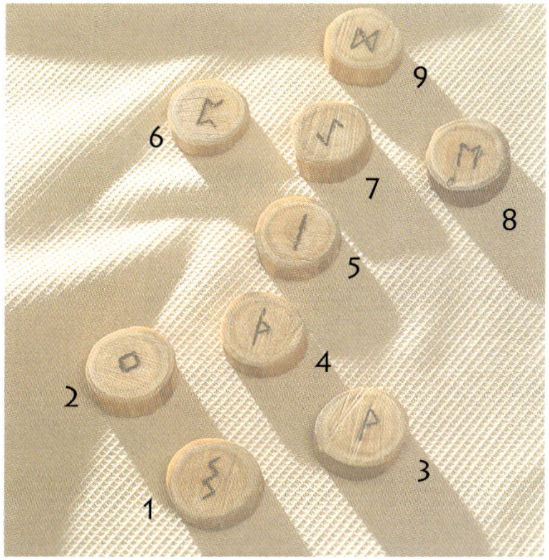


## THORS HAMMER

1. Welche Maske tragen Sie?
2. Was fürchten Sie?
3. Was suchen Sie?
4. Was sollen Sie tun?
5. Was hoffen Sie zu werden?
6. Was hält Sie auf?
7. Was ist Ihr Schicksal?
8. Was müssen Sie lernen, um Ihr wahres Selbst zu finden?
9. Was ist Ihr wahres Selbst?

THORS HAMMER

THORS HAMMER ZÜGELT DIE ENERGIE DES GOTTES

# RUNENMAGIE

MAGIE IST NICHTS MYSTERIÖSES. Ein Magier ist, wer die subtilen Schwingungen spürt, die von allen Dingen ausgehen. Durch Runenmagie lernen Sie, sich auf die einzelnen Runen einzustimmen.

MEDITIEREN SIE MIT PFLANZEN UND BÄUMEN; SIE SIND IHRE LEHRER UND FÜHRER, WENN SIE GEDULDIG SIND.

## KRAFT TANKEN IN DER NATUR

Wenn Sie mit Runen arbeiten, lernen Sie etwas über die Macht der Natur, und wenn Sie mit Bäumen, Farben, Kräutern und Kristallen arbeiten, begreifen Sie allmählich, daß Sie mit jedem Ort des Universums verbunden sind. Die Natur lehrt Harmonie, und sie strebt immer danach.

Wenn der Mensch das natürliche Gleichgewicht stört, stellt die Natur es wieder her, wenn wir sie lassen. Besuchen Sie einmal einen stillgelegten Steinbruch oder eine alte Eisenbahntrasse – es ist erstaunlich, wie rasch die Natur das Gelände wieder in Besitz nimmt.

Die Natur belehrt uns durch Beispiele und Schwingungen. Darum können wir in der Natur Energie tanken und Einsichten gewinnen. Genießen Sie die Schönheit der Natur.

WENN SIE EINE RUNE TRAGEN, ZIEHEN SIE IHRE EIGENSCHAFTEN UND ENERGIEN AN.

## RUNEN TRAGEN

Auch wenn Sie eine Rune bei sich tragen, nehmen Sie Energie auf. Runen geben starke Schwingungen ab, und wenn Sie eine Rune um den Hals tragen, ist Ihr ganzes Wesen diesen positiven Schwingungen ausgesetzt. Die Rune schützt Sie und zieht an, was ihren Eigenschaften entspricht.

## HEILENDE RUNEN

Dank ihrer harmonischen Schwingungen haben Runen starke heilende Kräfte. Wenn Sie krank sind, halten Sie Ihren Runenbeutel in der Hand und bitten um eine heilende Rune. Dann ziehen Sie eine Rune und halten sie in der Hand oder meditieren mit ihr oder legen sie auf eine schmerzende Stelle.

Sie werden überrascht sein, wie genau die Botschaft der Rune auf ihre Beschwerden eingeht. Oft erfahren Sie von ihr die Ursache der Krankheit und die beste Behandlung.

Wenn Sie zum Beispiel Is ziehen, hilft sie Ihnen, Blockaden im Körper zu beseitigen und weist Sie auf die Bedeutung der Kontemplation hin. Die Rune Lagu hilft Ihnen, seelische Probleme zu lösen und Ihr Gleichgewicht zu finden, außerdem rät sie Ihnen, sich ausgewogen und natürlich zu ernähren.

Es ist wichtig zu begreifen, was eine Krankheit Sie lehren will.

Alle Runen haben ihre eigenen Heilkräfte und Botschaften. Mit einer Krankheit will der Körper Ihnen sagen, daß Sie ihn aus dem Gleichgewicht bringen, und die Runen sagen Ihnen, welche Fehler Sie machen.

LEGEN SIE EINE RUNE AUF EINE SCHMERZENDE STELLE. SO ERFAHREN SIE MEHR ÜBER IHRE BESCHWERDEN.

# So helfen Sie anderen

Sobald Sie mit den Runen vertraut sind, können Sie mit Runenspreads auch anderen helfen. Dabei gehen Sie genauso vor, als würden Sie Runen für sich selbst legen, abgesehen davon, daß der andere die Runen zieht, während Sie sich darauf konzentrieren, worauf diese Rune antworten soll.

Wenn Sie beispielsweise einen Drei-Runen-Spread für eine Freundin legen, geben Sie ihr Ihren Runenbeutel und bitten sie, nacheinander drei Runen zu ziehen. Wenn sie die erste Rune zieht, denken Sie: „Diese Rune soll etwas über die Vergangenheit sagen." Bei der zweiten Rune denken Sie: „Diese Rune soll etwas über die Gegenwart sagen." Und so weiter.

Sobald Ihre Freundin drei Runen gezogen hat, nehmen Sie den Runenbeutel wieder an sich, damit die restlichen Runen Ihnen bei der Deutung helfen. Lassen Sie Ihre Intuition sprechen, und stellen Sie einen Zusammenhang zwischen Ihren Einsichten und der Bedeutung jeder Rune her.

Je öfter Sie mit Runen arbeiten, desto geschickter werden Sie. Am besten legen Sie die Runen zunächst für Angehörige und Freunde, bevor Sie sich an Menschen wagen, die Sie wenig kennen.

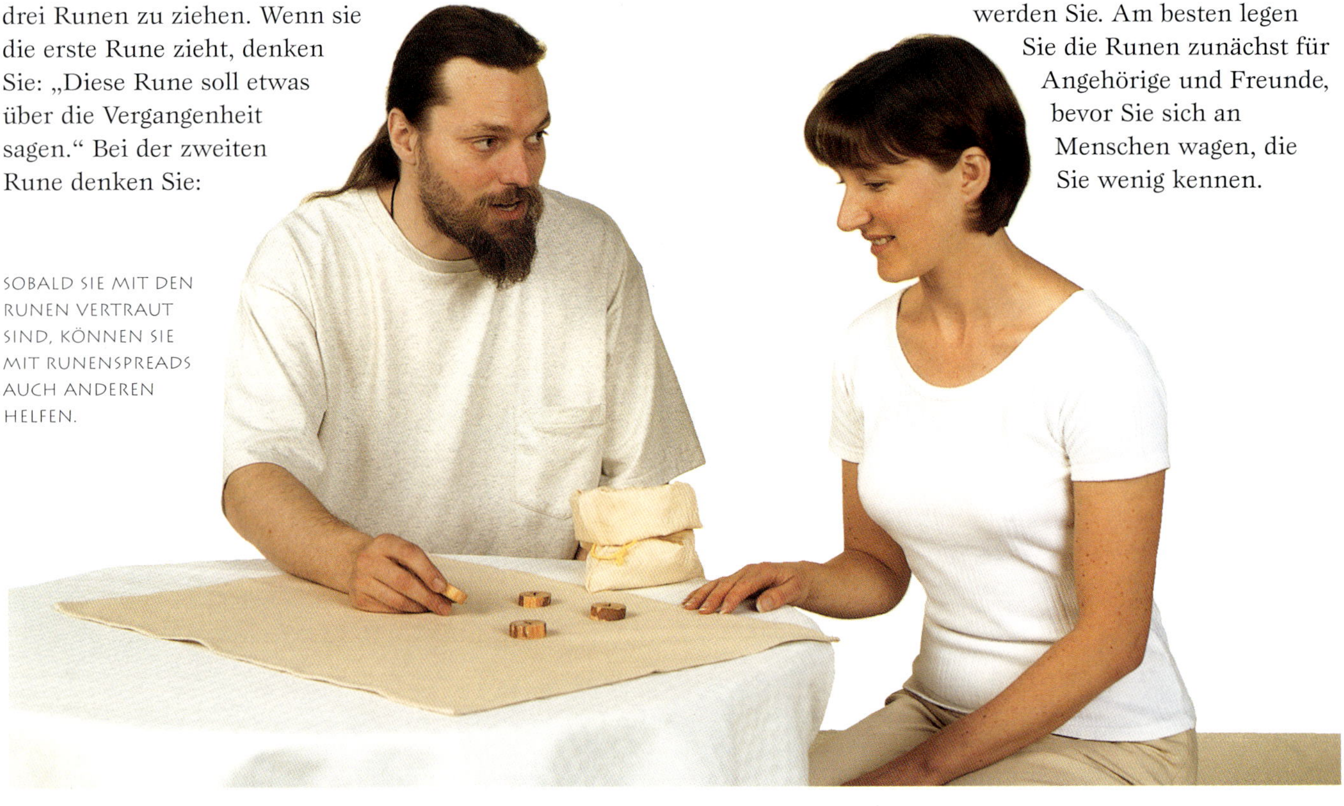

SOBALD SIE MIT DEN RUNEN VERTRAUT SIND, KÖNNEN SIE MIT RUNENSPREADS AUCH ANDEREN HELFEN.

## SO HEILEN SIE ANDERE MIT DEN VIER ELEMENTEN

Andere Menschen heilen Sie mit dem Spread der vier Elemente. Wenn ein Patient die vier Runen gezogen hat, setzt er sich und wendet sich der Richtung zu, die ihn am meisten anspricht.

Legen Sie die Runen im Norden, Süden, Osten und Westen ab. Die Richtung, welcher der Patient sich gerade zuwendet, gibt Auskunft über seinen spirituellen Weg.

Wenn er nach Norden schaut, hat er vor allem körperliche Probleme. Wenn er sich dem Westen zuwendet, versucht er, sein seelisches Gleichgewicht zu finden.

Wenn er dem Süden zugewandt ist, blickt er auf sein Schicksal. Und wenn er nach Osten schaut, sucht er Weisheit.

Wenn er nach Nordosten, Südosten, Südwesten oder Nordwesten schaut, versucht er, zwei Lebensbereiche miteinander zu harmonisieren.

Während der Patient zwischen den vier Runen sitzt und meditiert, können Sie eine Trommel schlagen oder ein Lied singen. Die Schwingungen der Musik verstärken die heilenden Schwingungen der Runen.

Am Ende der Zeremonie sollte der Patient sich ein paar Minuten der entgegengesetzten Richtung zuwenden. Das hilft ihm, die Energien der anderen Runen aufzunehmen.

DIE PATIENTIN SITZT ZWISCHEN DEN VIER GEZOGENEN RUNEN UND SCHAUT IN DIE RICHTUNG, DIE IHR AM MEISTEN ZUSAGT.

# Werkzeuge und Talismane

Sie können Runen bei sich tragen oder auf magischen Werkzeugen anbringen. Wenn Sie ein anderes magisches Werkzeug haben, das Sie mit Energie laden möchten, bitten Sie die Runen, Ihnen zu sagen, welche Runen Sie brauchen. Dann ziehen Sie so viele Runen, wie Ihre Intuition es verlangt, und brennen oder ritzen sie in das Werkzeug oder malen sie darauf.

## VERBUNDENE RUNEN

Verbundene Runen bestehen aus zwei oder mehr Runen, die zusammen ein mächtiges magisches Symbol bilden. Einige Beispiele sind unten abgebildet, aber Sie können sich auch eigene Symbole ausdenken. Fragen Sie die Runen, welche von ihnen sich für Ihre Zwecke verbinden wollen, und zeichnen Sie dann so viele Symbole, wie Ihre Intuition es wünscht.

DIESE VERBUNDENEN RUNEN BEDEUTEN „INSPIRATION ERLANGEN".

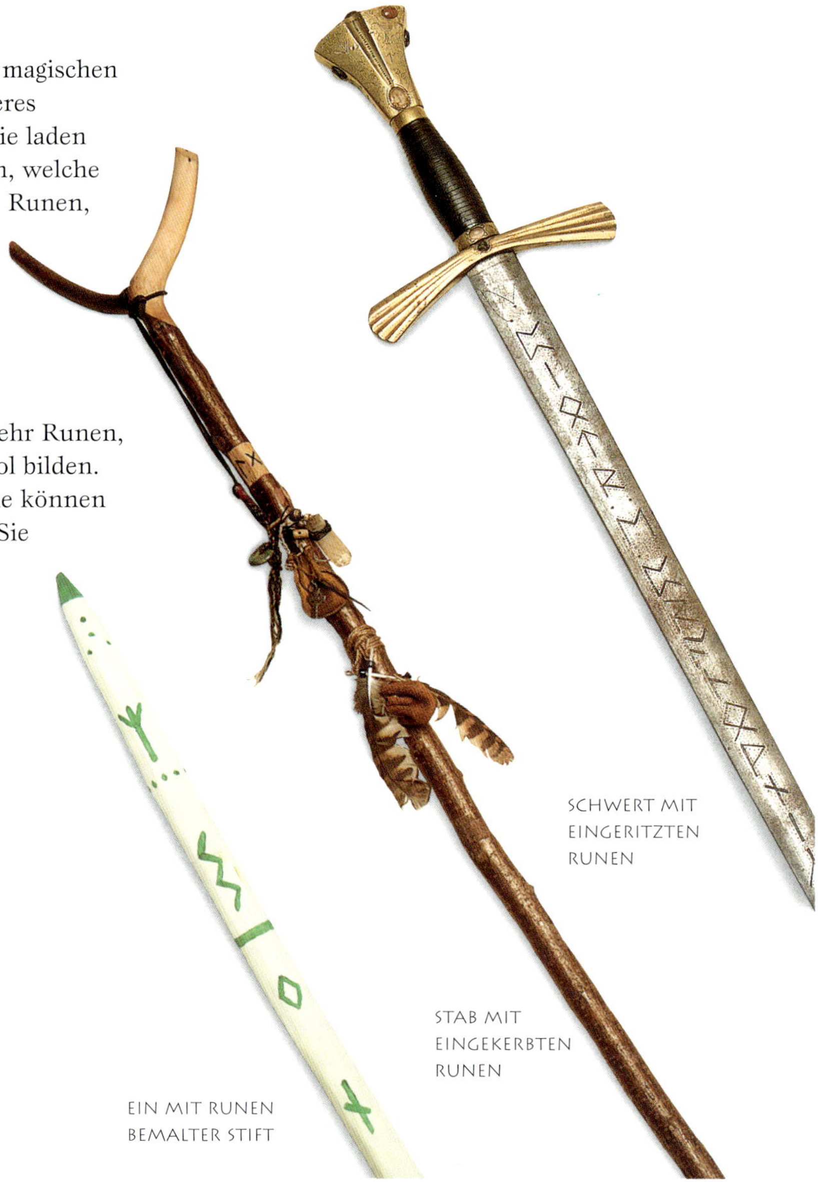

EIN MIT RUNEN BEMALTER STIFT

STAB MIT EINGEKERBTEN RUNEN

SCHWERT MIT EINGERITZTEN RUNEN

# MIT RUNEN WÜNSCHE ERFÜLLEN

WENN SIE EINEN WUNSCH in Runenschrift aufschreiben und den Zettel in einer Kerzenflamme oder im Feuer verbrennen, schicken Sie den Wunsch hinaus ins Universum und nehmen Energie auf, die Ihnen hilft, den Wunsch zu erfüllen. Solche Riten gibt es seit Jahrtausenden, und sie sind überaus wirksam.

Sie können alle Wünsche äußern, sofern sie nicht egoistisch sind. Schreiben Sie ein einzelnes Wort auf, etwa „Liebe", „Gesundheit" oder „Gemeinschaft", oder schreiben Sie einen Brief, zum Beispiel: „Ich bitte darum, daß ... (Name des Menschen) an Inspiration und innerer Schönheit gewinnt." Versiegeln Sie den Brief mit einer Rune. Dafür können Sie eine Rune ziehen und auf das gefaltete Papier zeichnen. Schauen Sie zu, wie Ihr Wunsch verbrennt, und visualisieren Sie dabei, wie seine Energie in jeden Winkel des Universums wandert und die Energie zu Ihnen zurückschickt, die Sie brauchen, um den Wunsch zu erfüllen.

Denken Sie nach der Zeremonie daran, daß alle Ereignisse in Ihrem Leben eine Lektion sind, eine Stufe, die Sie der Erfüllung Ihres Wunsches näher bringt.

1 Schreiben Sie einen Wunsch in Runenschrift auf einen Zettel – ein einzelnes Wort oder einen kurzen Brief.

2 Werfen Sie Ihre Wünsche ins Feuer, und konzentrieren Sie sich auf ihre Energie, die durchs Universum wandert.

SIE KÖNNEN WÜNSCHE AUCH IN EINER KERZENFLAMME VERBRENNEN.

# Runen und ihre Bedeutung

## FEOH

FEOH
DEUTSCHE ENTSPRECHUNG: F
RUNE: ᚠ
BEDEUTUNG: RIND
SPIRITUELLE BEDEUTUNG:
SPIRITUELLER REICHTUM

ASSOZIATIONEN:
BAUM: HOLUNDER
FARBE: HELLROT
KRAUT: BRENNESSEL
EDELSTEIN: MOOSACHAT

### DEUTUNG DER RUNE

Feoh weist auf spirituellen Reichtum hin, den wir zum Wohl aller nutzen sollen. Es ist eine Rune der selbstlosen Fülle. Lassen Sie Ihre Fülle über Ihrem Weg und über dem Weg anderer leuchten. Es wird Ihnen nie an spirituellem Reichtum mangeln; aber vergeuden Sie ihn nicht an Menschen, die ihn mißbrauchen.

*„Horten Sie Ihren Reichtum nicht. Nutzen Sie ihn zum Wohl aller."*

### DEUTUNG DER UMGEKEHRTEN RUNE

Sie besitzen großen inneren Reichtum, aber seelische Störungen verhüllen ihn. Streben Sie nach Ausgewogenheit im Leben, und Sie werden die reichen Gaben und Talente entdecken, die bereits Ihnen gehören. Erheben Sie Anspruch auf Ihr Schicksal.

### BEDEUTUNG: RIND

Das Vieh war für die nordischen Völker ein Zeichen von Reichtum und Ansehen. Wie alle Tiere waren Rinder heilig, aber man verspeiste sie auch bei Festen und nutzte sie somit zum Wohl aller. Der physische Reichtum ist nicht von Dauer, wohl aber der spirituelle. Die Weisheit, die Sie lernen und in Ihr Leben aufnehmen, kann Ihnen niemand nehmen, einerlei, wie oft Sie sie mit anderen teilen. Jeder Mensch besitzt spirituelle Gaben, selbst wenn er sich dessen nicht bewußt ist. Wenn Sie z. B. mitfühlend sind, teilen Sie die Gabe der Liebe mit anderen. Jeder Mensch hat viele Gaben; doch nur wer sie kennt, kann sie nutzen.

# UR

UR
DEUTSCHE ENTSPRECHUNG: U
RUNE: ᚢ
BEDEUTUNG: AUEROCHSE
SPIRITUELLE BEDEUTUNG: STÄRKE

ASSOZIATIONEN:
BAUM: BIRKE
FARBE: DUNKELGRÜN
KRAUT: SUMPFMOOS
EDELSTEIN: KARFUNKEL

## DEUTUNG DER RUNE

Sie haben die innere Stärke, Ihre Träume zu verwirklichen, aber auch Verantwortung: Nutzen Sie Ihre Stärke, damit andere Sie nicht unterdrücken; aber unterdrücken Sie nicht die anderen. Konzentrieren Sie sich auf Ihren Weg, und lassen Sie sich von niemandem aus dem Gleichgewicht bringen. Es gibt immer Menschen, die negativ denken. Ihre Stärke nimmt zu, wenn Sie ruhig bleiben und Ihr Ich zügeln.

*„Um Ihre wahre Stärke zu finden, müssen Sie sich zuerst Ihren Schwächen stellen.“*

## DEUTUNG DER UMGEKEHRTEN RUNE

Um stark zu sein, müssen Sie zuerst Ihre Schwächen kennen. Erforschen Sie sich ehrlich und furchtlos. Dann können Sie an Ihren Schwächen arbeiten und sie in Stärken umwandeln.

## BEDEUTUNG: AUEROCHSE

Auerochsen waren wilde Rinder, mächtige Totemtiere des nordischen Volksglaubens und Symbole der Stärke. Heute wird Stärke fälschlich mit Vorherrschaft und Starrheit gleichgesetzt. Oft wird Stolz mit Stärke verwechselt, obwohl er eine Schwäche des Ichs ist. Wahre Stärke besitzt nur, wer Herr seines Ichs ist. Um Ihre wahre Stärke zu finden, müssen Sie sich zuerst Ihren Schwächen stellen, dann können Sie Schwäche in Stärke umwandeln. Manche Menschen haben jedoch davor Angst und verbergen ihre Schwächen lieber.

DORN
DEUTSCHE ENTSPRECHUNG: TH
RUNE: ᚦ
BEDEUTUNG: DORN
SPIRITUELLE BEDEUTUNG:
SPIRITUELLE AUTORITÄT

ASSOZIATIONEN:
BAUM: DORNBUSCH/EICHE
FARBE: HELLROT
KRAUT: GARTENLAUCH
EDELSTEIN: SAPHIR

# DORN

## DEUTUNG DER RUNE

Sie haben die innere Kraft, sich allem zu stellen, was Ihren Weg kreuzt. Fürchten Sie nichts – Sie haben ein Recht auf Ihr Schicksal. Lassen Sie sich von niemandem davon abhalten, die Wahrheit zu suchen. Seien Sie spirituell, aber bleiben Sie mit beiden Beinen auf dem Boden. Spirituelle Autorität gibt Macht, und diese Macht müssen Sie selbstlos nutzen. Macht ist verderblich, wenn Sie nicht ehrlich sind. Reden Sie nicht mit anderen über Ihre Autorität; es genügt, sie zu haben. Um die Macht dieser Rune nutzen zu können, müssen Sie Herr Ihres Ichs werden. Spirituelle Autorität und Stärke helfen Ihnen, auf dem richtigen Weg zu bleiben. Sie sind nicht dazu da, andere zu unterdrücken.

*„Sie haben die innere Kraft, sich allem zu stellen, was Ihren Weg kreuzt."*

## BEDEUTUNG: DORN

Die Schamanen und Magier Nordeuropas sahen einen Zusammenhang zwischen Dornbüschen und spiritueller Autorität. Zauberstäbe wurden vor allem aus Schwarzdorn hergestellt. Bäume mit Dornen symbolisieren Schutz, und darum machte man aus ihrem Holz Talismane. Hier geht es um Schutz durch spirituelle Autorität, um die Kraft, für die Wahrheit einzutreten, wenn Sie von Lügen umgeben sind, und auf dem spirituellen Weg zu beharren, der Ihnen zusteht. Weißdorn ist ebenfalls ein mächtiger Schutzbaum, aber er hat darüber hinaus auch beruhigende, ausgleichende weibliche Energie.

# ANSUR

ANSUR
DEUTSCHE ENTSPRECHUNG: A
RUNE: ᚨ
BEDEUTUNG: MUND
SPIRITUELLE BEDEUTUNG:
BOTSCHAFT

ASSOZIATIONEN:
BAUM: ESCHE
FARBE: DUNKELBLAU
KRAUT: FLIEGENPILZ
EDELSTEIN: SMARAGD

## DEUTUNG DER RUNE

Die Antworten auf Ihre Fragen sind schon da – aber Sie haben sie noch nicht gehört. Suchen Sie nach Zeichen und Bestätigungen überall in Ihrer Umgebung. Alles hat seine Bedeutung. Wenn Sie das begreifen, verstehen Sie auch die Botschaften aus der Umwelt. Ignorieren Sie keine Botschaft, die Ihnen mißfällt. Alle Ereignisse sind Lektionen, und wenn Sie die Wahrheit erkennen, gewinnen Sie an Wissen und Weisheit.

*„Alle Ereignisse sind Lektionen."*

## DEUTUNG DER UMGEKEHRTEN RUNE

Sie haben keine Antworten gefunden, weil Sie die falschen Fragen stellen. Schauen Sie in sich hinein, und alles wird klar.

## BEDEUTUNG: MUND

Nach der nordischen Tradition symbolisiert der Mund Kommunikation. Botschaften haben viele Formen, und wenn wir sie falsch auslegen, ist die Kommunikation gestört. Zwei Menschen können ein Wort ganz unterschiedlich deuten. Wer in Nordeuropa geboren wurde, denkt an Sand, Algen, Eselsritte und Eiskrem, wenn er das Wort „Meeresufer" hört. Wer in der Karibik lebt, denkt dabei an Palmen, klares blaues Wasser, azurblauen Himmel, schöne Fische und Korallen, sengende Hitze und Wirbelstürme. Diese Bilder unterscheiden sich drastisch.

# RAD

RAD
DEUTSCHE ENTSPRECHUNG: R
RUNE: ᚱ
BEDEUTUNG: WAGENRAD
SPIRITUELLE BEDEUTUNG:
RAD DES LEBENS

ASSOZIATIONEN:
BAUM: EICHE
FARBE: GLÄNZEND ROT
KRAUT: BEIFUSS
EDELSTEIN: CHRYSOPRAS

## DEUTUNG DER RUNE

Alles kommt in Zyklen, und wenn Sie diesen Zyklen folgen, machen Sie schnelle Fortschritte. Passen Sie sich den Jahreszeiten an, indem Sie Nahrung der Jahreszeit essen und den Jahreswechsel feiern. Begrüßen Sie harte Zeiten – je härter Ihr Leben jetzt ist, desto schöner ist es in Zukunft. Alles hat sein Gegenteil, und Herausforderungen bringen gerechten Lohn.

*„Denken Sie daran, daß schwere Zeiten nicht ewig dauern."*

## DEUTUNG DER UMGEKEHRTEN RUNE

Wehren Sie sich nicht länger gegen das Unvermeidliche. Ihr Weg ist bereitet, gehen Sie ihn ohne Furcht. Machen Sie einen Schritt nach dem anderen, und Sie werden bald wieder „fließen".

## BEDEUTUNG: WAGENRAD

Das Leben ist eine Reise mit Herausforderungen, aus denen wir lernen sollen. Alles im Leben ist zyklisch. Alle Dinge haben einen Anfang, eine Mitte und ein Ende. Sobald Sie das erkannt haben, können Sie „im Strom schwimmen", anstatt sich gegen alles zu wehren. Alle Reisen und Lektionen haben einen Anfang, eine Mitte und ein Ende. Denken Sie daran, daß schwere Zeiten vorübergehen. Wenn Sie Ihre Lektionen gelernt haben, brauchen Sie nicht mehr zu leiden. Jedes Ereignis ist eine Lektion. Je schneller Sie lernen, desto schneller kommen Sie voran. Freuen Sie sich also über alles, was kommt – Sie können daraus lernen.

# KEN

KEN
DEUTSCHE ENTSPRECHUNG: K
RUNE: ᚲ
BEDEUTUNG: FACKEL
SPIRITUELLE BEDEUTUNG:
ERLEUCHTUNG

ASSOZIATIONEN:
BAUM: KIEFER
FARBE: HELLROT
KRAUT: SCHLÜSSELBLUME
EDELSTEIN: BLUTJASPIS

## DEUTUNG DER RUNE

Sie beginnen das Leben besser zu verstehen. Neue Einsichten erwarten Sie – aber seien Sie nicht selbstzufrieden. Sie müssen Ihr neues Verständnis zu Ihrem Wohl und zum Wohl anderer nutzen, andernfalls ist es wertlos. Die Erleuchtung ist wie ein Krug mit edlem Wein: Man muß ihn ausgießen, damit man ihn wieder füllen kann. Glauben Sie nicht, die Erleuchtung sei Ihr Lebensziel! Sie ist der Beginn eines Abenteuers, eines Lernprozesses, der Ihnen Wissen und Weisheit vermittelt.

*„Die Erleuchtung muß mit Weisheit einhergehen. Nur dann können wir ihren wahren Wert und ihre Macht erfassen."*

### BEDEUTUNG: FACKEL

Licht ermöglicht es uns, im Dunkeln zu sehen.
Die Erleuchtung ist spirituelles Licht, eine neue Einsicht.
Es ist, als öffneten Sie die Augen zum erstenmal: Sie sehen nichts Neues – alles war schon da –, aber Sie sehen es zum erstenmal.
Die Erleuchtung ist ein Anfang, kein Ende. Sie müssen Ihre neue Einsicht nutzen und mit Weisheit paaren, um ihren wahren Wert und ihre Macht zu begreifen.
Wissen bedeutet Macht und daher auch Verantwortung.
Es ist wichtig, daß Sie mit Ihrem Wissen und Ihrer Macht nur das Gute unterstützen.

# GYFU

GYFU
DEUTSCHE ENTSPRECHUNG: G
RUNE: X
BEDEUTUNG: GESCHENK
SPIRITUELLE BEDEUTUNG:
SPIRITUELLES GESCHENK

ASSOZIATIONEN:
BAUM: ESCHE/ULME
FARBE: TIEFBLAU
KRAUT: WILDES STIEFMÜTTERCHEN
EDELSTEIN: OPAL

## DEUTUNG DER RUNE

Ein Geschenk, verbunden mit einer Entscheidung, erwartet Sie. Sie können es annehmen oder ablehnen. Wenn Sie ja sagen, müssen Sie ein Gegengeschenk machen. Alles hat seinen Preis; aber spirituelle Gaben sind ihren Preis wert. Finden Sie ein Gleichgewicht zwischen Geben und Nehmen, und lernen Sie, verantwortungsbewußt zu geben. Sie müssen auch lernen, wann Sie geben sollen und wem Sie geben sollen. Es ist falsch, allen zu geben, denn manche wollen nichts bekommen, so daß Sie bei ihnen Ihre Energie vergeuden und Ihre eigenen Gaben mißbrauchen.

*„Wer den spirituellen Weg gehen will, muß sowohl geben als auch nehmen."*

BEDEUTUNG: GESCHENK

Um ein Geschenk zu erhalten, müssen Sie geben. Wenn Sie geben, müssen Sie bereit sein zu empfangen. Dieser Kreislauf darf nie unterbrochen werden. Wer nimmt, ohne auf der physischen oder seelischen Ebene zu geben, verliert seine spirituellen Gaben. Wenn Sie den spirituellen Weg gehen, müssen Sie geben und nehmen. Um ausgewogen zu sein, müssen Sie ein Geschenk demütig annehmen. Denken Sie daran, daß Sie eine spirituelle Gabe verlieren, wenn Sie sie mißbrauchen. Mitfühlend sein heißt, Liebe und Verständnis mit anderen teilen. Jeder Mensch hat viele Gaben; wer sie kennt, kann sie nutzen.

WYNN
DEUTSCHE ENTSPRECHUNG: W
RUNE: ᚹ
BEDEUTUNG: GLÜCK
SPIRITUELLE BEDEUTUNG:
AUSGEWOGENHEIT

ASSOZIATIONEN:
BAUM: ESCHE
FARBE: GELB
KRAUT: FLACHS
EDELSTEIN: DIAMANT

# WYNN

## DEUTUNG DER RUNE

Das Glück gehört Ihnen, wenn Sie dafür arbeiten. Streben Sie nach Ausgewogenheit und Harmonie im Leben. Suchen Sie Lösungen, anstatt über Probleme zu grübeln. Dauerhaftes Glück gründet auf Wahrheit und Ehrlichkeit. Wer sich vor der Wahrheit versteckt, findet nie wahres Glück. Suchen Sie nur das Gute, dann ist das Glück Ihnen hold.

*„Um glücklich zu sein, müssen Sie Frieden mit sich selbst schließen.“*

## DEUTUNG DER UMGEKEHRTEN RUNE

Das Glück, das Sie suchen, gehört bereits Ihnen, aber Sie sehen es nicht, weil Sie an der Vergangenheit haften. Lassen Sie das Alte los, und begrüßen Sie das Neue.

## BEDEUTUNG: GLÜCK

Wahres Glück findet nur, wer ausgeglichen ist. Es hängt nicht von anderen Menschen oder Dingen ab, sondern ist in Ihrem Inneren zu finden. Um glücklich zu sein, müssen Sie mit sich selbst und mit Ihrem Platz im Leben Frieden schließen. Essen, trinken und handeln Sie ausgewogen. Gesunde Ernährung (frische, natürliche Kost) ist Voraussetzung für Gesundheit und Glück und führt zu gesundem Denken und Tun. Suchen Sie also Harmonie in Ihrem Inneren, und Sie ziehen Glück und Frieden heran. Glück bedeutet, die Wahrheit suchen und finden und in jeden Bereich des Lebens zu integrieren.

# HAEGL

HAEGL
DEUTSCHE ENTSPRECHUNG: H
RUNE: ᚺ
BEDEUTUNG: HAGEL
SPIRITUELLE BEDEUTUNG:
HERAUSFORDERUNG

ASSOZIATIONEN:
BAUM: ESCHE/EIBE
FARBE: HELLBLAU
KRAUT: MAIGLÖCKCHEN
EDELSTEIN: ONYX

## DEUTUNG DER RUNE

Haben Sie keine Angst vor Herausforderungen, freuen Sie sich darüber. Hagel mag bedrohlich erscheinen, aber wenn Sie ein Hagelkorn fangen, sehen Sie, daß es nur aus Wasser besteht – es gibt keinen Grund zur Angst. So ist es auch mit Herausforderungen. Beißen Sie die Zähne zusammen, fassen Sie Mut und schauen Sie den Herausforderungen ins Gesicht, um Ihren Traum zu verwirklichen. Sie können aus jeder Herausforderung etwas lernen. Je größer sie ist, desto weiser werden Sie, nachdem Sie die Hindernisse auf Ihrem Weg überwunden haben.

*„Schrecken Sie nie vor Herausforderungen zurück, denn sie geben Ihnen Kraft und Weisheit, ein Leben lang.“*

BEDEUTUNG: HAGEL

Fürchten Sie sich nicht vor Herausforderungen, lernen Sie von ihnen. Wenn Sie Ihre Zukunft visualisieren, senden Sie Energie in Form von Gedankenwellen ins Universum. Diese Schwingungen ziehen alles heran, was Sie brauchen, bevor Ihr Traum wahr werden kann. Sie kennen Ihre Lektionen nicht im voraus; aber wenn Sie an Ihrem Traum festhalten, lernen Sie alles, was nötig ist. Geben Sie Ihren Traum auch in schweren Zeiten nicht auf – sie sind nur eine Stufe zur Erfüllung des Traumes. Schauen Sie der Herausforderung ins Gesicht. Wenn Sie sie bestanden haben, sind Sie stärker und weiser als zuvor.

# NYD

NYD
DEUTSCHE ENTSPRECHUNG: N
RUNE: ᚾ
BEDEUTUNG: BEDÜRFNIS
SPIRITUELLE BEDEUTUNG:
BEDÜRFNIS

ASSOZIATIONEN:
BAUM: BUCHE
FARBE: SCHWARZ
KRAUT: WIESENKNÖTERICH
EDELSTEIN: LAPISLAZULI

## DEUTUNG DER RUNE

Sie erhalten genau das, was Sie brauchen, um auf Ihrem spirituellen Weg vorwärtszukommen. Alles ist so, wie es sein soll. Vielleicht ist es das Gegenteil dessen, was Sie haben wollen; aber dieser Zustand ist nicht von Dauer: Sie müssen nur Ihre Lektionen lernen, dann weicht das Negative dem Positiven. Sie müssen akzeptieren, was geschehen ist, und sich auf das konzentrieren, was Sie sein wollen. Vertrauen Sie darauf, daß die Gegenwart so ist, wie sie sein soll, und daß Sie aus Ihr lernen. Die Vergangenheit ist nur eine Erinnerung, die Zukunft nur ein Traum. Sie können nur die Gegenwart beeinflussen, denn Sie leben nur im Jetzt.

*„Um Ihre Wünsche zu erfüllen, müssen Sie oft das Gegenteil dessen erfahren, was Sie haben wollen."*

BEDEUTUNG: BEDÜRFNIS

Was wir brauchen ist oft etwas ganz anderes als das, was wir wollen. Wenn Sie stark sein wollen, müssen Sie Ihre Schwächen kennen. Die Folge ist ein Paradox. In Ihrer Vision sind Sie stark, aber Sie sehen nur Schwäche. Erst wenn Ihnen klar ist, daß Sie sich Ihren Schwächen stellen und sie in Stärken umwandeln müssen, beginnen Sie den Unterschied zwischen Wunsch und Bedürfnis zu verstehen. Um Ihre Wünsche zu erfüllen, müssen Sie oft das Gegenteil dessen erfahren, was Sie haben wollen. Um stark zu sein, müssen Sie Schwäche erfahren; um Ihren Weg zu finden, müssen Sie ihn zuerst verlieren; um innerlich schön zu sein, müssen Sie sich mit Ihrer häßlichen Seite auseinandersetzen.

IS
DEUTSCHE ENTSPRECHUNG: I
RUNE: ᛁ
BEDEUTUNG: EIS
SPIRITUELLE BEDEUTUNG:
STILLSTAND

ASSOZIATIONEN:
BAUM: ERLE
FARBE: SCHWARZ
KRAUT: BILSENKRAUT
EDELSTEIN: KATZENAUGE

# Is

## DEUTUNG DER RUNE

In dieser Zeit des Stillstandes sollten Sie nichts erzwingen. Seien Sie jetzt geduldig und klug – Sie müssen auf äußere Veränderungen warten, ehe Sie weitergehen können, und Sie müssen entscheiden, wie Sie die Wartezeit am besten nutzen. Geben Sie Ihre Träume nicht auf, sondern bekräftigen Sie sie. Nutzen Sie diese Zeit für die Kontemplation und für die Vorbereitung, nicht für Depression und Jammern. Die Lage wird sich ändern, so sicher wie der Frühling dem Winter und der Sommer dem Frühling folgt.

*„Wenn das Leben scheinbar stillsteht, denken Sie über das Vergangene nach und blicken Sie in die Zukunft.“*

## BEDEUTUNG: EIS

Eis kann ein unüberwindliches Hindernis sein. Jetzt können Sie nur auf Tauwetter warten. Seien Sie aber im Winter nicht müßig, sondern bereiten Sie sich auf den Tau vor. Nichts scheint sich zu bewegen, aber alles muß bereit sein, damit Sie das Tauwetter nutzen können. Der Winter ist auch eine Zeit der Kontemplation, des Nachdenkens über das Vergangene. Verarbeiten Sie die Lektionen der Vergangenheit, blicken Sie in die Zukunft, und bekräftigen Sie Ihre Träume. Diese Phase ist nur eine Stufe Ihres Weges zur Weisheit, und wenn sie vorbei ist, beginnt eine neue. Nutzen Sie diese Zeit, um eine Weile zu ruhen. Bald müssen Sie sich ganz auf das Kommende konzentrieren.

# JARA

JARA
DEUTSCHE ENTSPRECHUNG: J
RUNE: ᛃ
BEDEUTUNG: ERNTE
SPIRITUELLE BEDEUTUNG:
ERNTE

ASSOZIATIONEN:
BAUM: EICHE
FARBE: HELLBLAU
KRAUT: ROSMARIN
EDELSTEIN: KARNEOL

## DEUTUNG DER RUNE

Jetzt ernten Sie, was Sie einst gesät haben. Dies ist eine Zeit der Fülle, der Freude und des Feierns ohne Selbstgefälligkeit, aber auch der harten Arbeit. Die Ernte geht vorüber, und vor Ihnen liegt ein Winter mit weiteren harten Lektionen. Sammeln Sie Wissen und Weisheit, um für die Herausforderungen gewappnet zu sein. Dies ist ein neuer Wendepunkt in Ihrem Leben, nicht das Ziel. Größere Ernten warten auf Sie; doch vorher müssen Sie das Feld bereiten, die Saat säen, die Keimlinge pflegen und die mit Früchten beladenen Äste stützen.

*„Dies ist eine Zeit der harten Arbeit; aber Sie ernten auch den Lohn für vergangene Mühe."*

### BEDEUTUNG: ERNTE

Die Ernte ist die Zeit der härtesten Arbeit. Die Früchte müssen eingesammelt und gelagert werden, damit sie nicht verderben. Es ist auch eine Zeit der Vorbereitung. Alles muß an seinem Platz sein, bevor der erste Schnee kommt. Um den Winter zu überstehen, müssen Sie möglichst viele Früchte einholen. Sie dürfen nichts übersehen und müssen alles richtig machen. Was nicht richtig gelagert wird, verrottet lange vor dem Ende des Winters. Jetzt dürfen Sie sich nicht auf Ihren Lorbeeren ausruhen. Die Erntefeier muß warten, bis die Ernte in der Scheune ist. Sie sind am Ende eines Zyklus – aber jedes Ende ist auch ein neuer Anfang.

# EOH

EOH
DEUTSCHE ENTSPRECHUNG: Y
RUNE: ᛇ
BEDEUTUNG: EIBE
SPIRITUELLE BEDEUTUNG:
TRANSFORMATION

ASSOZIATIONEN:
BAUM: EIBE
FARBE: DUNKELBLAU
KRAUT: MANDRAGORA
EDELSTEIN: TOPAS

## DEUTUNG DER RUNE

Dies ist eine Zeit der Transformation. Lösen Sie sich vom Alten, und umarmen Sie das Neue. Es ist eine Zeit des Todes, weil das Vergangene stirbt, aber auch eine Zeit des Neubeginns, des neuen Lebens, der neuen Träume. Die einzige Konstante ist der Wandel, und wenn Sie rasche Fortschritte auf Ihrem Weg machen wollen, müssen Sie den Wandel begrüßen, anstatt ihn abzulehnen. Widerstand gegen Veränderungen bedeutet Stillstand im Moment des spirituellen Todes. Statt dessen sollten Sie vorwärts zur neuen Geburt schreiten. Wandel ruft Angst hervor; doch wenn Sie sich selbst treu bleiben und Ihren Weg gehen, baden Sie bald in der Sonne der Erleuchtung.

*„Wenn Sie Wandel willkommen heißen, kommen Sie auf Ihrem spirituellen Weg schnell voran."*

BEDEUTUNG: EIBE

Die Eibe symbolisiert Unsterblichkeit und den Zyklus des Todes und der Wiedergeburt. Wenn der Baum wächst, wird der Stamm innen weich und verrottet. Aber innerhalb der Eibe wächst ein neuer Schößling. Wenn dieser heranreift, beginnt der gleiche Prozeß von vorne, bis der Baum aus vielen Bäumen besteht, die aus der Mitte herauswachsen. Dank dieser wundersamen Erneuerung kann die Eibe enorm groß und alt werden. Man sagt, sie habe viele Leben hinter sich und wecke unsere Erinnerungen an frühere Leben. Wegen ihrer Langlebigkeit ist die Eibe auch ein Symbol der Weisheit.

# PEORD

PEORD
DEUTSCHE ENTSPRECHUNG: P
RUNE: ᛈ
BEDEUTUNG: WÜRFELBECHER
SPIRITUELLE BEDEUTUNG: ENTSCHEIDUNG

ASSOZIATIONEN:
BAUM: BUCHE
FARBE: SCHWARZ
KRAUT: EISENHUT
EDELSTEIN: AQUAMARIN

## DEUTUNG DER RUNE

Sie haben immer die Wahl. Niemand außer Ihnen selbst kann Sie aus der Ruhe bringen. Niemand hat Macht über Sie, wenn Sie es nicht zulassen. Nehmen Sie Ihr Recht auf freie Entscheidung in Anspruch. Bleiben Sie bei der Wahrheit, und lassen Sie sich nicht davon abhalten zu tun, was Sie tun müssen. Die einzige Gefahr besteht darin, sich nicht zu entscheiden und sich in das Schicksal zu fügen. Dadurch verlieren Sie Ihre Kraft.

*„Treffen Sie Ihre eigenen Entscheidungen, und nehmen Sie Ihr Schicksal selbst in die Hand."*

## DEUTUNG DER UMGEKEHRTEN RUNE

Der Würfel ist gefallen, das Schicksal bestimmt Ihr Leben – aber so muß es nicht sein. Fangen Sie an, selbst zu entscheiden, anstatt anderen nachzulaufen.

BEDEUTUNG: WÜRFELBECHER

Aus diesem Becher fallen die Würfel; er ist die Quelle des Zufalls oder Schicksals. Ein Würfel, der nicht geworfen wird, ist nur ein Stück Holz mit Punkten. Nur wenn er fällt und rollt, erlangt er Bedeutung, weil das Schicksal seinen Fall lenkt. Das Schicksal ist nicht unausweichlich, es konfrontiert Sie mit Entscheidungen. Sie können entscheiden, ob Sie den Würfel werfen oder nicht und ob Sie seinen Rat befolgen. Das Leben ist voller Entscheidungen, doch viele Menschen machen sich zum Spielball des Schicksals, anstatt selbst zu entscheiden.

# EOLX

EOLX
DEUTSCHE ENTSPRECHUNG: Z
RUNE: ᛉ
BEDEUTUNG: ELCH
SPIRITUELLE BEDEUTUNG: SCHUTZ

ASSOZIATIONEN:
BAUM: EIBE
FARBE: GOLD
KRAUT: ANGELIKA
EDELSTEIN: AMETHYST

## DEUTUNG DER RUNE

Obwohl viele Gefahren auf Ihrem Weg lauern, brauchen Sie keine Angst zu haben, denn Ihr Schutz ist in Ihnen. Sie sind sicher, solange Sie nicht leichtsinnig werden. Die Zeit ist günstig für riskante Projekte, aber alles muß ein solides Fundament haben. Werden Sie nicht selbstgefällig.

*„Viele Gefahren lauern auf Ihrem Weg. Aber Sie genießen inneren Schutz."*

## DEUTUNG DER UMGEKEHRTEN RUNE

Seien Sie vorsichtig, und meiden Sie Hast. Sie sind empfänglich für negative Einflüsse und müssen körperliche, seelische und spirituelle Kraft sammeln, ehe Sie nach vorne drängen.

### BEDEUTUNG: ELCH

Für die Menschen des Nordens ist der Elch ein mächtiges, schützendes Totemtier. Wer diese Rune trägt, ist gegen Angriffe und Gefahren aller Art geschützt. Die Rune symbolisiert den Elch, von vorne gesehen. Sein Geweih galt früher als Antenne für die subtilen Schwingungen aller Lebewesen der Umgebung. Der Elch schützt nicht nur, weil er Gefahr spürt, sondern auch, weil er schnell ist. Die schützenden Energien des Elchs rühren aber nicht nur von seiner Fähigkeit her, Gefahr zu wittern, sondern sind auch in seiner Schnelligkeit begründet. Darum ist diese Rune eine mächtige Verbündete; sie hilft Ihnen, in schwieriger Zeit einen sicheren Weg zu finden.

# SIGEL

SIGEL
DEUTSCHE ENTSPRECHUNG: S
RUNE: ᛋ
BEDEUTUNG: SONNE
SPIRITUELLE BEDEUTUNG:
GLÜCK

ASSOZIATIONEN:
BAUM: WACHOLDER
FARBE: WEISS/SILBERN
KRAUT: MISTEL
EDELSTEIN: RUBIN

## DEUTUNG DER RUNE

Sie haben die Macht, die Dinge zum Reifen zu bringen. Glück erwartet Sie, und Sie haben ein gutes Gefühl. Jetzt ist keine Zeit, sich auszuruhen und zu entspannen. Blicken Sie statt dessen nach innen, und betrachten Sie Ihre dunkle Seite. Fürchten Sie sich nicht davor: Die Energie der Sonne hilft Ihnen, und Sie werden das Dunkle überwinden. Jetzt ist die Zeit günstig, um Probleme zu lösen, denn alle Lösungen sind greifbar nahe.

*„Sie haben die Macht, die Dinge zum Reifen zu bringen.“*

BEDEUTUNG: SONNE

Für die Menschen des Nordens ist die Sonne die Spenderin des Lebens, denn ohne ihre Strahlen hätten sie keine Nahrung. Die Sonne wird mit allem assoziiert, was gut und gerecht ist. Ihr Licht vertreibt die Dunkelheit und verjüngt den Geist. Sie ist die „Zerstörerin des Eises“, wie es in einem isländischen Gedicht heißt. Darum hat diese Rune die Macht, die negativen Aspekte der Rune Is aufzuheben. Sigel ist auch die Rune der Wahrheit, denn die Macht des Lichts erhellt die Dunkelheit der Täuschung und schenkt klare Gedanken. Sie enthüllt nicht nur die Täuschungen anderer, sondern auch die Selbsttäuschung. Wenn Sie diese Rune bei sich tragen, erleuchtet sie Ihren Weg.

# TIR

TIR
DEUTSCHE ENTSPRECHUNG: T
RUNE: ↑
BEDEUTUNG: TYR
(DER KRIEGSGOTT)
SPIRITUELLE BEDEUTUNG:
INITIATION

ASSOZIATIONEN:
BAUM: EICHE
FARBE: GLÄNZEND ROT
KRAUT: SALBEI
EDELSTEIN: KORALLE

## DEUTUNG DER RUNE

Diese Rune symbolisiert neue Herausforderungen, Initiation und neue Einsicht. Seien Sie ohne Furcht – Ihr Sieg steht bereits fest, wenn Sie der Wahrheit treu bleiben. Nutzen Sie alles, was Sie bisher gelernt haben. Schützen Sie Ihre Überzeugung, denn sie wird herausgefordert werden. Aber letztlich siegt immer die Wahrheit.

*„Nutzen Sie alles, was Sie bisher gelernt haben."*

## DEUTUNG DER UMGEKEHRTEN RUNE

Sie haben die Macht, den Herausforderungen zu begegnen, aber Sie müssen Ihr wahres Potential freisetzen. Lassen Sie sich nicht von Furcht aufhalten. Gestehen Sie Ihre Schwächen ein, und beschließen Sie, sie in Stärken umzuwandeln. Der Krieger ist in Ihnen, und jetzt müssen Sie diese Energie nutzen.

BEDEUTUNG: TYR
(DER KRIEGSGOTT)

Der Weg des Kriegers bringt Herausforderungen und Initiationen mit sich. Der Krieger muß vieles lernen, unter anderem Geduld, Scharfsinn, Schnelligkeit und Geschmeidigkeit. Er braucht ein gutes, starkes Herz und einen festen Glauben an die Heiligkeit dessen, was er schützt. Es gibt keinen besseren Verbündeten als ihn, denn er will von Natur aus beschützen und überleben. Er ist einfallsreich und konzentriert sich auf Lösungen, nicht auf Probleme. Der kluge Krieger weiß, daß Fehler kein Scheitern bedeuten, sondern daß sie Lektionen sind, die jeder lernen muß, der ehrlich und demütig sucht. Wer nie Fehler macht, wird ein alter Narr.

# BEORC

BEORC
DEUTSCHE ENTSPRECHUNG: B
RUNE: ᛒ
BEDFUTUNG: BIRKE
SPIRITUELLE BEDEUTUNG: NEUBEGINN

ASSOZIATIONEN:
BAUM: BIRKE
FARBE: DUNKELGRÜN
KRAUT: WIESENFRAUENMANTEL
EDELSTEIN: MONDSTEIN

## DEUTUNG DER RUNE

Dies ist eine aufregende Zeit des Neubeginns und der neuen Abenteuer, eine Zeit großer Aktivität und Energie. Jetzt ist es Zeit zu säen, aber es ist noch lang bis zur Ernte. Rechnen Sie also nicht mit sofortigem Lohn für Ihre Mühe – Sie müssen neue Ideen hegen und pflegen, bis sie Früchte tragen. Grübeln Sie nicht mehr über Vergangenes. Wenn Sie alles gelernt haben, was die Vergangenheit Sie lehren wollte, müssen Sie sie hinter sich lassen und kühn nach vorne schreiten. Jetzt ist die Zeit günstig, um über einen spirituellen Frühjahrsputz nachzudenken. Werfen Sie das Alte weg, und schaffen Sie Platz für das Neue.

*„Dies ist eine aufregende Zeit des Neubeginns und der neuen Abenteuer."*

## BEDEUTUNG: BIRKE

Die Birke ist ein Pionier. Wenn Feuer einen Wald vernichtet, ist sie einer der ersten Bäume, die wieder wachsen. Sie symbolisiert Geburt und Neubeginn, denn sie erhebt sich wie ein Phönix aus der Asche. Magier assoziieren die Birke mit Läuterung. Mit einem Birkenbesen fegte man einst das Böse aus dem Haus, und mit Birkenruten trieb man Verbrechern böse Gedanken aus. Es war ein alter heidnischer Brauch, die Grenzen eines Grundstücks und die Erde mit Birkenzweigen abzuklopfen, um das Böse zu vertreiben. In entlegenen Gebieten von Skandinavien und Großbritannien ist das heute noch üblich.

# EH

EH
DEUTSCHE ENTSPRECHUNG: E
RUNE: ᛖ
BEDEUTUNG: PFERD
SPIRITUELLE BEDEUTUNG: FORTSCHRITT

ASSOZIATIONEN:
BAUM: EICHE/ESCHE
FARBE: WEISS
KRAUT: JAKOBSKRAUT
EDELSTEIN: EISSPAT

## DEUTUNG DER RUNE

Sie können auf Ihrem Weg rasch voranschreiten, denn Sie haben Unterstützung – jedoch nur, wenn Sie zu Ihren Mitmenschen ebenso loyal sind wie sie zu Ihnen. Das Pferd ist ein stolzes Tier, aber sein Ziel ist ihm wichtiger als Stolz. Seien Sie immer stolz auf Ihre Leistungen, aber bleiben Sie bescheiden, damit Sie schnell und sicher vorankommen.

*„Seien Sie zu Ihren Mitmenschen ebenso loyal wie zu Ihnen selbst."*

## DEUTUNG DER UMGEKEHRTEN RUNE

Sie müssen neue Verbindungen knüpfen. Dadurch ziehen Sie Energie heran, die Ihnen hilft, alle Hindernisse zu überwinden. Suchen Sie sich Gefährten, die Ihre Einstellung teilen – Sie können von jedem, dem Sie im Leben begegnen, etwas lernen.

## BEDEUTUNG: PFERD

Das Pferd galt in der alten Welt als heiliges Tier. In vielen Mythen und Sagen ist es ein treuer Gefährte. Es besitzt große, ursprüngliche Energie. Es zeigt Ihnen die Welt von einer höheren Warte und hilft Ihnen, Hindernissen auszuweichen, so daß Sie auf Ihrem Weg rasch vorankommen. Das Pferd wird auch mit Feuer in Verbindung gebracht, mit dem Element des freien Ausdrucks und des sich entfaltenden Schicksals. Die Energie des Pferdes hilft Ihnen, Stillstand zu überwinden und innere wie äußere Hindernisse zu beseitigen. Darum ist es ein wertvoller Verbündeter auf dem spirituellen Weg. Weil der Wandel die einzige Konstante ist, hat Stagnation auf dem spirituellen Weg nichts zu suchen. Eh hilft Ihnen auf dem abenteuerlichen Weg, der Ihr Schicksal ist.

MAN
DEUTSCHE ENTSPRECHUNG: M
RUNE: ᛗ
BEDEUTUNG: MENSCH
SPIRITUELLE BEDEUTUNG:
SCHICKSAL

ASSOZIATIONEN:
BAUM: STECHPALME
FARBE: TIEFROT
KRAUT: FÄRBERRÖTE
EDELSTEIN: GRANAT

# Man

## Deutung der Rune

Ihr Schicksal erwartet Sie – erheben Sie Anspruch darauf. Um spirituell zu werden, müssen Körper, Seele und Geist ausgeglichen sein. Akzeptieren Sie freudig das Gute und das Schlechte; denn Sie können aus allem lernen. Wenn Sie jede Lektion lernen, so wie sie ist, streben Sie nach vorne und nach oben.

*„Der Weg des Schicksals ist ein Weg des Wachsens und der Erfüllung."*

## Deutung der umgekehrten Rune

Das Schicksal scheint hart zu sei; aber es macht Sie weiser und stärker. Seien Sie zuversichtlich: Sie haben die Kraft, mit allen Problemen fertig zu werden und Entscheidungen zu treffen – solange Sie bereit sind zu lernen. Lassen Sie sich nicht zum Pessimisten machen.

## Bedeutung: Mensch

Jeder Mensch hat ein Schicksal, und jeder hat das Recht, sein Schicksal zu erfüllen. Das Schicksal ist von Ihren Entscheidungen abhängig. Sie können die Verantwortung für Ihr Leben übernehmen, spirituell werden und Ihr Schicksal erfüllen. Aber Sie können sich auch treiben lassen. Der Weg des Schicksals ist nicht leicht, weil er viele Herausforderungen und Lektionen bereithält. Aber er ist ein Weg des Wachstums und der Erfüllung. Der andere Weg sieht leichter aus; doch er führt zu Krankheit und Unzufriedenheit.

# LAGU

LAGU
DEUTSCHE ENTSPRECHUNG: L
RUNE: ᛚ
BEDEUTUNG: WASSER, MEER
SPIRITUELLE BEDEUTUNG:
HARMONIE MIT DER
SCHÖPFUNG

ASSOZIATIONEN:
BAUM: WEIDE
FARBE: TIEFGRÜN
KRAUT: LAUCH
EDELSTEIN: PERLE

## DEUTUNG DER RUNE

Nur wenn Sie auf die Schöpfung eingestimmt sind, fließt das Leben so, wie es fließen soll. Seelische Ausgewogenheit ist die Folge einer natürlichen Ernährung. Unnatürliche Nahrung führt zu Disharmonie und Stagnation. Das Meer ist immer in Bewegung, und darum sollte es ein Teil Ihres Lebens sein. Heißen Sie den Wandel willkommen – er ist die einzige Konstante im Leben.

*„Seelische Ausgeglichenheit bedeutet Harmonie mit der Schöpfung."*

## DEUTUNG DER UMGEKEHRTEN RUNE

Sie müssen lernen, im Strom zu schwimmen, und Sie müssen in vielen Bereichen Ihres Lebens aktiv werden; andernfalls droht Ihnen Stagnation. Einige einfache Veränderungen können große, positive Wirkungen haben.

### BEDEUTUNG: WASSER, MEER

Wasser ist eine Urkraft, die wir niemals ganz unterwerfen können. Es fließt, wohin es will, gezogen von der Kraft des Mondes. Der Mond regiert alles, was flüssig ist: das Meer, den Saft der Pflanzen und das Blut. Um in Harmonie mit der Schöpfung zu leben, müssen Sie sich auf die Jahreszeiten und den Mond einstimmen. Wenn Sie im Einklang mit der Natur essen und leben, ändert sich Ihr Blickwinkel, und viele Möglichkeiten tun sich auf – Sie können mehr Wissen erwerben und es in Weisheit verwandeln.

ING
DEUTSCHE ENTSPRECHUNG: NG
RUNE: ◊
BEDEUTUNG: ING (DER GOTT DER FRUCHTBARKEIT)
SPIRITUELLE BEDEUTUNG: DAS INNERE FEUER

ASSOZIATIONEN:
BAUM: APFEL
FARBE: GELB
KRAUT: BRUNELLE
EDELSTEIN: BERNSTEIN

# ING

## DEUTUNG DER RUNE

Sie sind auf einem spirituellen Weg, und obwohl Sie sich bisweilen einsam fühlen, dürfen Sie zuversichtlich sein; denn in Ihnen brennt das Feuer der Inspiration, das Sie vorwärts und hinauf treibt. Speisen Sie dieses Feuer, indem Sie nie aufhören zu lernen und nicht selbstgefällig werden. Suchen Sie nur nach Antworten, und lassen Sie sich nie von zu vielen Fragen aufhalten. Leben Sie im Jetzt – die Vergangenheit ist nur Erinnerung, die Zukunft ist nur ein Traum. Das Hier und Jetzt ist alles, worauf es ankommt.

*„Das Feuer der Inspiration drängt Sie, weiter nach spiritueller Erfüllung zu streben."*

BEDEUTUNG: ING (DER GOTT DER FRUCHTBARKEIT)

Ing symbolisiert den Funken der Schöpfung, die Macht, Leben zu geben und das Land fruchtbar zu machen. Das innere Feuer treibt jeden Menschen vorwärts, hin zur spirituellen Erfüllung. Es gibt uns selbst in schwierigen Zeiten Kraft. Dieses Feuer kann viele Jahre lang schlummern; doch wenn wir es entdecken, ist es fast nicht mehr zu löschen. Ing lehrt, daß die Vergangenheit unveränderlich ist und daß wir nur die Gegenwart beeinflussen können. Lassen Sie das Vergangene los, und behalten Sie Ihren Traum im Auge, während Sie im Hier und Jetzt leben und arbeiten.

# DAEG

DAEG
DEUTSCHE ENTSPRECHUNG: D
RUNE: ᛞ
BEDEUTUNG: TAG (LICHT)
SPIRITUELLE BEDEUTUNG: LICHT

ASSOZIATIONEN:
BAUM: FICHTE
FARBE: HELLBLAU
KRAUT: MUSKATELLERSALBEI
EDELSTEIN: DIAMANT

## DEUTUNG DER RUNE

Die Macht des Lichts erhellt Ihren Weg. Solange Sie der Wahrheit treu bleiben, ist das Glück Ihnen hold. Fürchten Sie sich nicht – die Macht des Lichts beschützt Sie. Das Licht schenkt Ihnen klare Sicht, so daß Sie allen Gefahren rechtzeitig ausweichen können. Lassen Sie sich aber nicht von Ihrem Ich blenden, und lassen Sie sich Ihren Erfolg nicht zu Kopf steigen. Seien Sie der Herr Ihres Ichs, bleiben Sie bescheiden und seien Sie dankbar für alles Gute in Ihrem Leben.

*„Solange Sie der Wahrheit treu bleiben, ist das Glück Ihnen hold."*

## BEDEUTUNG: TAG (LICHT)

Daeg ist die Rune des Mittags und der Sommermitte. Sie symbolisiert die positive Energie des Lichts auf dem Höhepunkt seiner Kraft. Darum ist sie eine starke Schutzrune, wenn man sie über Türen und auf Fensterläden malt. Daeg ist absolut positiv und bedeutet Erfolg, Wachstum, Fortschritt, klare Sicht und Schutz vor schädlichen Einflüssen. Sie zeigt Ihnen das Gute im Schlechten. Außerdem erinnert diese Rune Sie daran, daß Ihr ganzer Besitz nur ein Geschenk ist. Wenn Sie dieses Geschenk nicht liebevoll nutzen, wird es Ihnen genommen. Alles, was Sie haben, hat der Schöpfer Ihnen nur geliehen.

# OTHEL

OTHEL
DEUTSCHE ENTSPRECHUNG: O
RUNE: ᛟ
BEDEUTUNG: BESITZ
SPIRITUELLE BEDEUTUNG:
KONZENTRATION, FREIHEIT

ASSOZIATIONEN:
BAUM: WEISSDORN
FARBE: TIEFGELB
KRAUT: KLEE
EDELSTEIN: RUBIN

## DEUTUNG DER RUNE

Konzentrieren Sie sich auf Ihren Traum. Vertrauen Sie darauf, daß Ihre Gedanken die Energie anziehen, die Sie brauchen, um den Traum zu verwirklichen. Sie brauchen Konzentration, um alle Zeichen zu verstehen, die vor Ihnen erscheinen. Lassen Sie alles zu, was geschehen muß, aber erzwingen Sie nichts. Ihr Traum ist eine zarte Taube in Ihrer Hand. Wenn Sie ihn zu kräftig festhalten, können Sie ihn töten.

*„Bündeln Sie Ihre Gedanken, damit sie die Energie anziehen, die Sie brauchen, um Ihren Traum wahr zu machen."*

## DEUTUNG DER UMGEKEHRTEN RUNE

Wenn Sie etwas besitzen wollen, können Sie es verlieren. Akzeptieren Sie alles so, wie es ist. Wenn Ihnen etwas nicht gefällt, können Sie es nur ändern, indem Sie sich selbst ändern.

BEDEUTUNG: BESITZ

Othel ist die Rune, die Energie bündelt. Ihr Bild erinnert an ein eingezäuntes Land oder einen magischen Kreis. Obwohl die Rune „Besitz" bedeutet, meint sie eher Leihe als Eigentum. Nichts gehört uns, wir haben alles nur geborgt, auch unseren Körper. Um die Macht der Rune zu erfahren, müssen Sie sich konzentrieren und dennoch entspannt bleiben. Konzentrieren Sie sich auf einen Gedanken, und warten Sie geduldig darauf, daß er Energie anzieht. Erzwingen Sie nichts, und vergessen Sie nie Ihr Ziel. Die Energie Ihres Gedankens führt Sie in die richtige Richtung. Behalten Sie Ihren Traum fest im Auge.

# Schlusswort

Das Leben ist eine Kette von Lektionen. Je schneller Sie lernen, desto rascher kommen Sie auf Ihrem spirituellen Weg voran. Wir sind spirituelle Wesen, und alle Ereignisse sind für uns eine Gelegenheit zu lernen. Um frei, glücklich und erfüllt zu leben, müssen wir die Vergangenheit loslassen, nachdem wir daraus gelernt haben.

Wir müssen in die Zukunft blicken, an unseren Träumen festhalten und in der Gegenwart leben. Wir können die Vergangenheit nicht ändern und die Zukunft nicht vorhersehen. Nur auf die Gegenwart haben wir Einfluß.

Sie können andere nicht ändern, wohl aber sich selbst. Aber wenn Sie sich selbst ändern, beeinflussen Sie andere. Seien Sie stets bemüht, zu lernen und ein besserer Mensch zu werden. Freuen Sie sich über den Wandel, und akzeptieren Sie jedes Ereignis – alles hat einen Anfang, eine Mitte und ein Ende. Selbst aus einer schweren Zeit kann eine leichte Zeit werden, wenn Sie daraus lernen.

Wenn jemand unfreundlich zu Ihnen ist, denken Sie nicht an Vergeltung, sondern fragen Sie sich: „Was kann ich daraus lernen?" Sobald Sie Ihre Lektion gelernt haben, können Sie zum anderen sagen: „Danke, daß du unfreundlich zu mir warst. Dadurch habe ich etwas Wichtiges gelernt. Ich bin besser und weiser geworden." Sie brauchen nichts zu vergeben, weil der andere Ihnen ja einen Gefallen getan hat.

Wenn Sie so leben, hat niemand Macht über Sie, und das Leben ist ein Abenteuer voller Lektionen und Weisheit.

Möge die Sonne auf Ihren Weg scheinen, möge Liebe Sie umgeben und möge das Licht der Inspiration immer in Ihnen brennen.

## TABELLE DER ENTSPRECHUNGEN

| BUCH-STABE | ZEICHEN | NAME | BEDEUTUNG | BAUM | FARBE | KRAUT | EDELSTEIN |
|---|---|---|---|---|---|---|---|
| F | ᚠ | Feoh | Rind | Holunder | hellrot | Brennessel | Moosachat |
| U | ᚢ | Ur | Auerochse | Birke | dunkelgrün | Sumpfmoos | Karfunkel |
| TH | ᚦ | Dorn | Dorn | Dornbusch/Eiche | hellrot | Gartenlauch | Saphir |
| A | ᚨ | Ansur | Mund | Esche | dunkelblau | Fliegenpilz | Smaragd |
| R | ᚱ | Rad | Wagenrad | Eiche | glänzend rot | Beifuß | Chrysopras |
| K | ᚲ | Ken | Fackel | Kiefer | hellrot | Schlüsselblume | Blutjaspis |
| G | ᚷ | Gyfu | Geschenk | Esche/Ulme | tiefblau | wildes Stiefmütterchen | Opal |
| W | ᚹ | Wynn | Glück | Esche | gelb | Flachs | Diamant |
| H | ᚺ | Haegl | Hagel | Esche/Eibe | hellblau | Maiglöckchen | Onyx |
| N | ᚾ | Nyd | Bedürfnis | Buche | schwarz | Wiesenknöterich | Lapislazuli |
| I | ᛁ | Is | Eis | Erle | schwarz | Bilsenkraut | Katzenauge |
| J | ᛃ | Jara | Ernte | Eiche | hellblau | Rosmarin | Karneol |
| Y | ᛇ | Eoh | Eibe | Eibe | dunkelblau | Mandragora | Topas |
| P | ᛈ | Peord | Würfelbecher | Buche | schwarz | Eisenhut | Aquamarin |
| Z | ᛉ | Eolx | Elch | Eibe | golden | Angelika | Amethyst |
| S | ᛊ | Sigel | Sonne | Wacholder | weiß/silbern | Mistel | Rubin |
| T | ᛏ | Tir | Tyr (Gott) | Eiche | glänzend rot | Salbei | Koralle |
| B | ᛒ | Beorc | Birke | Birke | dunkelgrün | Wiesenfrauen-mantel | Mondstein |
| E | ᛖ | Eh | Pferd | Eiche/Esche | weiß | Jakobskraut | Eisspat |
| M | ᛗ | Man | Mensch | Stechpalme | tiefrot | Färberröte | Granat |
| L | ᛚ | Lagu | Wasser, Meer | Weide | tiefgrün | Lauch | Perle |
| NG | ᛜ | Ing | Ing (Gott) | Apfelbaum | gelb | Brunelle | Bernstein |
| D | ᛞ | Daeg | Tag (Licht) | Fichte | hellblau | Muskatellersalbei | Diamant |
| O | ᛟ | Othel | Besitz | Weißdorn | tiefgelb | Klee | Rubin |

# Register

**Nachweis der Fotos**
Der Verlag dankt folgenden Bildagenturen für die Erlaubnis, in diesem Buch Fotos abzudrucken:

**Garden and Wildlife Matters:** 26l, 29, 38r, 45l, 47l, 48l, 50 (beide), 51l, 53 (beide), 55r, 56l, 60r.

**Images Colour Library:** 8 (beide), 10, 31ur, 39r, 42r.

**Papilio Photographic:** 52r, 56r, 61r.

**Tony Stone Images:** 46r, 59r.

**Werner Foreman Archive:** 9, 28.

**York Archaeological Trust:** 51r.

l = links, r = rechts,
ur = unten rechts